W0109035

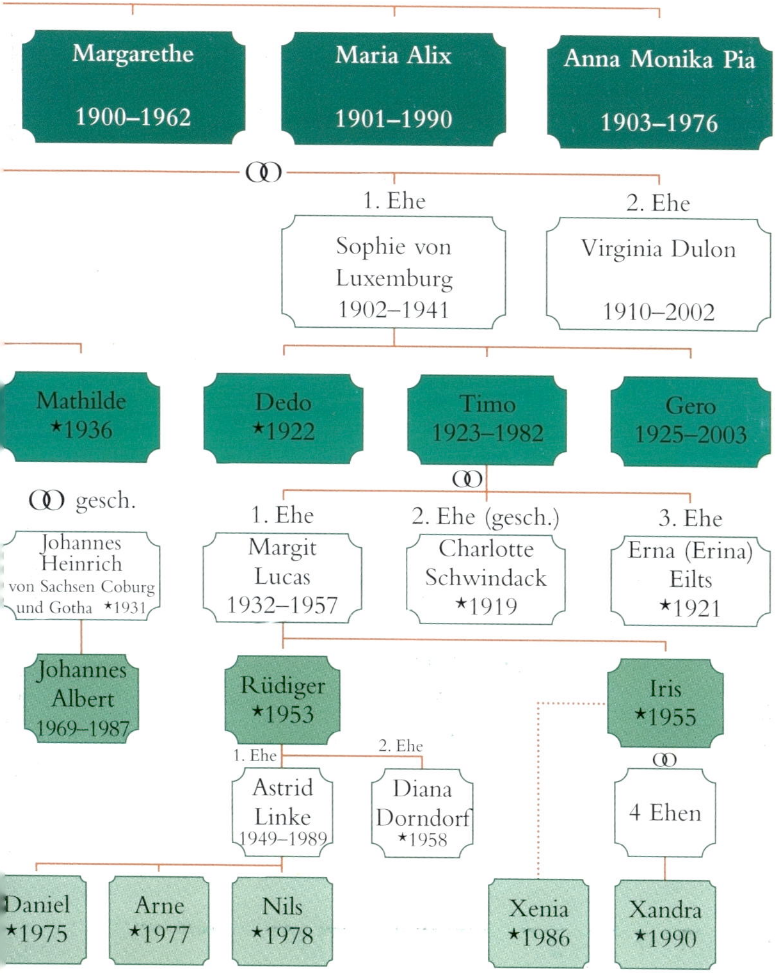

| **Margarethe** 1900–1962 | **Maria Alix** 1901–1990 | **Anna Monika Pia** 1903–1976 |

⚭

| 1. Ehe | 2. Ehe |
| Sophie von Luxemburg 1902–1941 | Virginia Dulon 1910–2002 |

| **Mathilde** ★1936 | **Dedo** ★1922 | **Timo** 1923–1982 | **Gero** 1925–2003 |

⚭

⚭ gesch.

| 1. Ehe | 2. Ehe (gesch.) | 3. Ehe |
| Johannes Heinrich von Sachsen Coburg und Gotha ★1931 | Margit Lucas 1932–1957 | Charlotte Schwindack ★1919 | Erna (Erina) Eilts ★1921 |

| Johannes Albert 1969–1987 | Rüdiger ★1953 | | Iris ★1955 |

⚭

| 1. Ehe | 2. Ehe | 4 Ehen |
| Astrid Linke 1949–1989 | Diana Dorndorf ★1958 | |

| Daniel ★1975 | Arne ★1977 | Nils ★1978 | Xenia ★1986 | Xandra ★1990 |

TASCHENLEXIKON
Helfricht
DIE WETTINER

Die Stammburg Wettin an der Saale. Nach ihr nennt sich das Geschlecht bis heute.

TASCHENLEXIKON

Jürgen Helfricht

Die Wettiner

Sachsens Könige, Herzöge, Kurfürsten und Markgrafen

SACHSENBUCH

Die Deutsche Bibliothek – CIP-Einheitsaufnahme
Helfricht, Jürgen: Die Wettiner – Sachsens Könige, Herzöge, Kurfürsten
und Markgrafen/Taschenlexikon/Jürgen Helfricht
Leipzig : Sachsenbuch 2007
ISBN 3-89664-044-5

Bildnachweis: Alle Fotos und Reproduktionen Ulrich Hässler, Dresden,
außer Jürgen Helfricht, Radebeul (2, 19, 27, 41, 47), Holm Röhner (26, 34),
Sachsen (10), 2. Sächsische Landesausstellung 2004 (50), Stadtgeschicht-
liches Museum Leipzig (18), Verlagsarchiv (56, 74), Bert Wawrzinek (21),
Militärhistorisches Museum Dresden (20)

3

ISBN 3-89664-044-5

4., aktualisierte Auflage 2007

© by Sachsenbuch Verlagsgesellschaft mbH Leipzig
Gestaltung/Typografie: Sachsenbuch
Umschlag: Sittauer Mediendesign, Leipzig
Lithografie: DZA Satz und Bild GmbH, Altenburg
Druck und Bindung: DZA Druckerei zu Altenburg GmbH, Altenburg

Zum Geleit

Zwinger und Staatliche Kunstsammlungen in Dresden, der Dom zu Freiberg, die Augustusburg bei Chemnitz, Schloss Hartenfels in Torgau, die Universitäten Leipzig und Wittenberg, Schloss Altenburg – überall in Sachsen und den Nachbarländern stößt man auf die Spuren eines Herrscherhauses: die Wettiner.

829 Jahre lang, von 1089 bis 1918, regierte diese Dynastie als Markgrafen, Herzöge, Kurfürsten und Könige im meißnisch-sächsisch-thüringischen Lande. Im Mittelalter hatte das bis ins 9. Jahrhundert zurück verfolgbare Geschlecht im Flussgebiet der Saale und mittleren Elbe zwischen Harz, Fläming, Erzgebirge und Thüringer Wald ein gerade kolonisiertes und mit Menschen verschiedener Herkunft besiedeltes Gebiet zu einer staatlichen und kulturellen Einheit gemacht.

Nach der folgenschweren Teilung 1485 begründete der Herzog und Kurfürst Moritz das albertinische Kurfürstentum Sachsen, das im augustäischen Zeitalter zum Schauplatz barocker Kulturfülle wurde. 1815 von Preußen um mehr als die Hälfte des Landes gebracht, schlug Sachsen 1831 den Weg zum Verfassungsstaat ein. 1866 wurde es ins preußische politische System eingegliedert. Auch wenn das Königreich in den Revolutionswirren von 1918 unterging, blieb die Königsfamilie Sachsen eng verbunden. 1945 all ihres Besitzes beraubt und ins Exil getrieben, versuchen die Wettiner seit 1989, wieder im Lande der Vorfahren heimisch zu werden. Ihre Popularität verdanken sie in jüngster Zeit u. a. zwei Schatzfunden nahe Schloss Moritzburg, die verloren geglaubte Kunstschätze im Wert von mehreren Millionen Euro zu Tage förderten. Die Prinzen Dedo (geb. 1922) und Gero (1925–2003) hatten sie 1945 im Auftrag ihres Vaters Prinz Ernst Heinrich, des Generalbevollmächtigten des Vereins Haus Wettin Albertinische Linie e.V., vergraben.

Vorliegendes Taschenlexikon führt erstmals die wichtigsten Daten aller Herrscher und Haus-Chefs auf, die für Sachsen von Bedeutung sind: vom heutigen Chef des Hauses Wettin bis in mittelalterliche Tage.   Dr. Jürgen Helfricht

Maria Emanuel   seit 1968

Seine Königliche Hoheit Maria Emanuel Markgraf von Meißen, Prinz von Sachsen, Herzog zu Sachsen ist seit dem Ableben seines Vaters Friedrich Christian Chef des Hauses Wettin. Er ist ein Enkel des letzten regierenden Königs Friedrich August III., wuchs in Prüfening, Bad Wörishofen, ab 1932 in Bamberg und ab 1936 in „Haus Wachwitz" in Dresden auf. Er war nacheinander Schüler des „Bischöflichen Sankt Benno-Gymnasiums" bzw. Internatsschüler des Jesuiten-Kollegs St. Blasien. Nachdem die Nazis beide Einrichtungen schlossen, finanzierten die Eltern von 1939 bis 1944 eine

Wettiner-Chef Maria Emanuel Markgraf von Meißen.

Privatschule in der königlichen Villa Dresden-Strehlen.

Am 14. September 1944 wurde der 18-jährige Prinz auf Antrag der „Reichsjugendführung" gemäß Führerbefehl von der Gestapo verhaftet. Laut Führerinformation des Reichsministers der Justiz vom 15. Februar 1945 wurde gegen ihn Anklage wegen Wehrkraftzersetzung und Rundfunkverbrechens beim Volksgerichtshof erhoben. Danach hatte Seine Königliche Hoheit ausländische Rundfunksender abgehört und darüber mit seinem Vetter u. a. korrespondiert: „Das verfluchte Reich wird ja ganz bestimmt nächstes Jahr ausgepfiffen haben." Der Volksgerichtshof unter Freislers Vorsitz verhängte die Todesstrafe, die nach dessen Tod in zweieinhalb Jahre Zuchthaus umgewandelt wurde. Im April 1945 kam der Prinz frei.

1945 verlor das sächsische Königshaus seinen nach der Thronentsagung Friedrich Augusts III. im Jahr 1918 noch verbliebenen, sehr erheblichen Grundbesitz in Sachsen und Schlesien. Die Mitglieder der Familie mussten als Flüchtlinge und Vertriebene im Westen Deutschlands Fuß fassen. Sie fanden bei ihren Verwandten (u. a. die Häuser Württemberg, Hohenzollern-Sigmaringen und Thurn und Taxis) erste Zuflucht und über lange Jahre auch finanzielle Unterstützung.

Seine Königliche Hoheit lebte mit der Familie ab 1955 in München, wo er als Kunstmaler und Grafiker Erfolg hatte. 1959 folgte er einer Einladung in die Schweiz und stieg dort ins Börsengeschäft ein. Kunstgeschichtlich, aber auch genealogisch und militärgeschichtlich interessiert, leitete er die Tagungen der letzten lebenden Ritter der ältesten deutschen Tapferkeitsauszeichnung, des Königlich Sächsischen Militär-Sankt-Heinrichs-Ordens. 1985 wurde daraus der

Anastasia-Luise Markgräfin von Meißen und Maria Emanuel Markgraf von Meißen vor dem Dresdner Fürstenzug.

Sachsens Prinzen und Prinzessinnen (v. l. unten): Elmira, Dr. med. Mathilde, Maria Anna, Anastasia-Luise, Maria Josepha, Erina, Maria Emanuel, Dedo, Dr. phil. Albert, Alexander. – Haus-Chef Maria Emanuel (r.) und Prinz Dedo betrachten sich den Mohrenkopf-Pokal aus dem Schatzfund von Moritzburg (Foto unten).

Sankt Heinrichs Orden e.V. in Bamberg. Als Chef des Hauses verleiht Seine Königliche Hoheit seit 1968 an verdienstvolle Persönlichkeiten die St.-Heinrichs-Nadel. 1970 gründete er die „Sachsengruppen Zürich" und „Innsbruck" und leitete die Züricher Gruppe mit seiner Gemahlin bis 1978. Im Mai 1989 feierten die Wettiner unter seiner Leitung in Regensburg das 900-jährige Jubiläum des Fürstenhauses.

Auch die Geschwister gehen bürgerlichen Berufen nach: Fotografin, promovierte Kinderfachärztin, Hausfrau, promovierter Historiker. Sein Bruder Dr. phil. Albert Prinz von Sachsen, Herzog zu Sachsen leitet seit über 40 Jahren die Studiengruppe für Sächsische Geschichte.

Nach der politischen Wende in der DDR besuchte Seine Königliche Hoheit sofort im Dezember 1989 Dresden und weilt seither häufig im Freistaat. 1996 konnte er unter Teilnahme zahlreicher Vertreter

Der Markgraf von Meißen verneigt sich am Katafalk des Bischofs Gerhard Schaffran von Dresden-Meißen (1912–1996) in der Hofkirche.

Alexander Prinz von Sachsen und Gisela Prinzessin von Sachsen mit den Prinzen Georg, Mauricio, Paul-Clemens und Prinzessin Maria Teresita.

der Sächsischen Staatsregierung den 70. Geburtstag im Schloss Hoflößnitz in Radebeul feiern.

Auf der Basis des 1994 verabschiedeten Entschädigungs- und Ausgleichsleistungsgesetzes der Bundesrepublik Deutschland schlossen die anspruchsberechtigten Mitglieder des Königshauses am 31. August 1999 mit dem Freistaat Sachsen eine Vereinbarung. Danach wurden 6 000 Kunstwerke aus Museen an die Wettiner zurückgegeben, während 12 000 Kunstwerke in Museen Sachsens verbleiben. Unter den 2 600 vom Freistaat angekauften Werken befinden sich bedeutsame und für die Geschichte Sachsens unverzichtbare Kunstwerke wie der Thronsessel Augusts des Starken. Seit 2006 gibt es weitere Verhandlungen u. a. zu Porzellan-Schätzen.

Seine Königliche Hoheit ist seit 1962 mit Ihrer Königlichen Hoheit Anastasia-Luise Prinzessin von Anhalt vermählt. Das kinderlose Paar lebt am Genfer See in der Schweiz.

Damit die albertinische (königliche) Linie nicht ausstirbt, wurde von Seiner Königlichen Hoheit im Mai 1997 die Nachfolge festgelegt. Demnach soll die Nachfolge an der Spitze der Familie der Neffe Seine Königliche Hoheit, Alexander Prinz von Sachsen, Herzog zu Sachsen antreten.

Alexander Prinz von Sachsen ist der Sohn der Schwester Seiner Königlichen Hoheit Maria Anna Prinzessin von Sachsen, Herzogin zu Sachsen und des Lic. jur. Roberto Alexander Prince de Gessaphe (30. 11. 1916 Mexiko City – 13. 12. 1978 Mexiko City). Dieser war der Spross eines vornehmen Geschlechts aus dem osmanischen Reich, das seine Wurzeln im alten Syrien hat. Zur juristischen Bekräftigung der Nachfolgeregelung adoptierte das Markgrafenpaar Alexander Prinz von Sachsen am 26. Mai 1999.

Der in München geborene Alexander Prinz von Sachsen wuchs vom neunten Lebensmonat an in Mexiko auf, wo sein Vater die internationale Logistik-Firma APYCSA, S. A. de C.V. leitete. Bei den Jesuiten des Instituto Patria in Mexiko City erzogen, kam er 11-jährig nach Deutschland. In München übernahm zunächst das Katholische Familienwerk die schulische Ausbildung, später das Jesuiten-Kolleg St. Blasien im Schwarzwald, wo er 1972 das Abitur ablegte. Nach einem Praktikum in der väterlichen Firma immatrikulierte er sich 1974 an der Ludwig-Maximilians-Universität München. Bedingt durch den frühzeitigen Tod des Vaters, musste er 1978 sein Studium der Betriebswirtschaft vorzeitig beenden und in die Firma in Mexiko eintreten. 1980 legte Seine Königliche Hoheit die Staatliche Prüfung zum Notar des mexikanischen Zollwesens und für internationale Spedition ab.

Der Hochzeit mit Gisela Prinzessin von Bayern aus dem Hause Wittelsbach im Jahr 1987 schloss sich eine drei Monate währende Hochzeitsreise durch das Himalaja-Gebirge an.

Heute betreibt er in Mexiko die Logistik-Firma APYCSA-Logistics. Sachsens Ministerpräsident ernannte Seine Königliche Hoheit am 1. Februar 2003 zum Ansiedlungsbeauftragten des Freistaates für Wirtschaft und Industrie, 2005 wurde er Sonderbeauftragter des

Freistaates Sachsen, zurzeit ist er Berater des sächsischen Minister-präsidenten. Gisela Prinzessin von Sachsen rief Sachsens erste Babyklappe (für anonym geborene Kinder) ins Leben, hat seit Juli 2001 den Vorsitz des Förderkomitees der Sächsischen Landesstiftung Natur und Umwelt inne. 1998 wählte das Paar mit seinen vier Kindern Dresden als Hauptwohnsitz.

* 31. 01. 1926 Prüfening bei Regensburg
Amtsantritt: 1968
⚭ Vevey/Schweiz 23. Juni 1962 (kirchl.)
   Anastasia-Luise Prinzessin von Anhalt
   * 22. 12. 1940 Regensburg
Kinder:
Alexander (durch Adoption 26. 05. 1999)
* München 12. 02. 1953

Designierter Chef des Hauses
Alexander Prinz von Sachsen, Herzog zu Sachsen
* 12. 02. 1953 München
⚭ Andechs 29. 08. 1987
   Gisela Prinzessin von Bayern
   * 10. 09. 1964 Leutstetten bei Starnberg

Kinder:
Georg * Mexiko/City D.F. 24. 05. 1988
Mauricio * Mexiko/City D.F. 14. 09. 1989
Paul-Clemens * Mexiko/City D.F. 23. 03. 1993
Maria Teresita * Dresden 07. 07. 1999

Friedrich Christian   1932–1968

Friedrich Christian wurde als zweiter Sohn des späteren Königs Friedrich August III. und der Erzherzogin Luise von Toscana geboren. Nach der Scheidung der Eltern 1903 vertrat ab 1906 Maria Immaculata Prinzessin von Sachsen (30. 11. 1874–28. 11. 1947), die zweite Frau des väterlichen Bruders Johann Georg, die Rolle der Mutter. Gemäß höfischer Tradition wurde der Prinz von französischen Damen und sächsischen Offizieren erzogen. Die ersten vier Schuljahre vom Hofkaplan und einem Oberlehrer unterrichtet, absolvierte er die Gymnasialzeit in einer eigens eingerichteten Prinzenschule mit zwei Klassen von je vier gleichaltrigen Knaben im Taschenbergpalais. Am zwölften Geburtstag fand seine Ernennung zum Leutnant im

Friedrich Christian Markgraf von Meißen. – Der Königlich Sächsische Militär-St.-Heinrichs-Orden.

1. Königl. Sächs. Leib-Grenadier-Regiment Nr. 100 statt. Die eigentliche militärische Ausbildung erfolgte sieben Jahre später.

Während des ersten Weltkriegs bewährte sich der Prinz an verschiedenen Fronten, war als Ordonnanz-Offizier und Kompanieführer eingesetzt. Am 30. August 1916 wurde der Hauptmann von Sachsen mit dem Ritterkreuz des Königlich Sächsischen Militär St. Heinrichs-Ordens ausgezeichnet. 1918 war Prinz Friedrich Christian kurzzeitig als Thronkandidat für Litauen vorgesehen.

Nach dem Ende des Krieges und der Abdankung seines Vaters als König von Sachsen ließ sich Prinz Friedrich Christian 1919 zum Studium der Jurisprudenz an der Universität Breslau immatrikulieren. 1923 vermählte er sich im Regensburger Schloss mit Prinzessin Elisabeth Helene von Thurn und Taxis.

Da sich sein älterer Bruder Georg 1924 zum Priester weihen ließ und 1925 in den Jesuiten-Orden eintrat, wurde Dr. jur. Friedrich Christian Markgraf von Meißen, Prinz von Sachsen, Herzog zu Sachsen 1932 Erbe des sächsischen Throns. Der Markgrafen-Titel kennzeichnet seit dem 20. Jahrhundert das Familienoberhaupt der albertinischen Wettiner. Ohne je eine Krone getragen zu haben, war er ein König im Reiche des Geistes und der Kultur.

1936 ließ er auf dem Königsweinberg Dresden-Wachwitz das sogenannte Haus Wachwitz, ein kleines Schloss mit Hauskapelle, nach eigenen Entwürfen von der Firma Lossow & Kühne am Elbhang errichten. Es war ein Treffpunkt für Künstler, Gelehrte, Philosophen und Theologen, aber auch für Offiziere des Widerstandes gegen Hitler. Das ebenfalls im Familienbesitz verbliebene prächtige Barockensemble Jagdschloss Moritzburg wurde zum öffentlichen Museum.

1945 mittellos aus Sachsen vertrieben, musste Friedrich Christian die Enteignung der Familie erleben. Im Exil, zuletzt in München, sammelte der Markgraf den in alle Welt verstreuten Adel. Der faszinierende Redner und Charmeur gründete 1951 den Verband Der sächsische Adel e.V. und 1961 die Studiengruppe für Sächsische Geschichte und Kultur e.V. München. Unter der Großmeisterwürde des Markgrafen Friedrich Christian schlossen sich die noch leben-

Das 1936 erbaute Haus Wachwitz war bis 1945 Sitz der königlichen Familie in Dresden.

den Ritter und Medaillenträger 1959 in Bamberg zum „Kapitel des Königlich Sächsischen Militär-St.-Heinrichs-Ordens" zusammen. An seinem 70. Geburtstag stiftete er die St.-Heinrichs-Nadel mit Krone. Mit dieser werden vom Chef des Hauses Wettin bis heute Persönlichkeiten geehrt, die sich um Förderung, Pflege und Vertiefung des Christentums, der sächsischen Geschichte und Kultur verdient gemacht haben.

* 31. 12. 1891 Dresden † 09. 08. 1968 Samaden/Schweiz
Amtsantritt: 1932
Begräbnisstätte: Königskapelle Imst/Österreich
⚭ Regensburg 16. 06. 1923
    Elisabeth Helene Prinzessin von Thurn und Taxis
    * 15. 12. 1903 Regensburg † 22. 10. 1976 München

Kinder:
Maria Emanuel * Prüfening bei Regensburg 31. 01. 1926
Maria Josepha * Bad Wörishofen 20. 09. 1928
Maria Anna * Bad Wörishofen 13. 12. 1929
Albert, Dr. phil. * Bamberg 30. 11. 1934
Mathilde, Dr. med. * Bamberg 17. 01. 1936

Friedrich August III.   1904–1918/1932

König Friedrich August III., der 1904 als letzter regierender Wettiner den Thron bestieg, entsprach in seiner Amtsführung wie in seinem menschlichen Auftreten den gesellschaftlichen Verhältnissen des 20. Jahrhunderts. Er förderte Wirtschaft und Kultur. Während seiner Regentschaft stieg die Bevölkerung im Königreich Sachsen auf fast fünf Millionen an. Des Königs Volkstümlichkeit und Humor blieben bis heute in Erinnerung, weniger seine Menschenkenntnis, seine Pünktlichkeit, seine Religiosität, seine Liebe zur Natur und zur Jagd. Als ihn die Gemahlin nach elf Ehejahren verließ, später einen Pianisten heiratete, kümmerte er sich rührend um die sechs Kinder.

Sachsens letzter König wäre berufen gewesen, den Übergang zu einer modernen Form der Monarchie vorzubereiten. Doch die Folgen des ersten Weltkriegs verhinderten dies. Am 13. November 1918 entsagte er nach 829 Jahren Wettiner-Herrschaft im Gegensatz zu anderen deutschen Fürsten nur für seine Person dem Thron und ließ damit seinen Nachkommen eine – bis heute allerdings nicht eingelöste – Option offen. Per Vertrag vom 25. Juni 1925 (Gesetz vom 9. Juli 1924) kam der Freistaat Sachsen mit dem vormals regierenden Königshaus zu einem friedlichen Ausgleich über Ansprüche, Finanzmittel, Immobilien, Ländereien und tausende Kunstschätze.

Sachsens letzter König Friedrich August III.

Historische Postkarten zeigen den Zwingerhof und die Sophienkirche sowie Sachsens letzten König im Kreise seiner Kinder.

Kaiser Wilhelm II. (l.) und König Friedrich August III. bei der Einweihung des Völkerschlachtdenkmals in Leipzig 1913. – Schloss Sibyllenort bei Breslau (S. 19)

Bis zu seinem Tod lebte Friedrich August III. auf Schloss Sibyllenort in Schlesien, mit 31 Rittergütern und 23 000 Hektar Land.

* 25. 05. 1865 Dresden † 18. 02. 1932 Sibyllenort/Niederschlesien
Amtsantritt: 1904
Begräbnisstätte: Familiengruft Katholische Hofkirche Dresden
∞ Wien 21. 11. 1891
    Ludovica (Luise) Erzherzogin von Österreich, Prinzessin von Toscana,
    geschieden Dresden 11. 02. 1903
    * 02. 09. 1870 Salzburg † 23. 03. 1947 Brüssel
Kinder:
Georg, SJ * Dresden 15. 01. 1893
              † (ertrunken) Großglienicke 14. 05. 1943
Friedrich Christian * Dresden 31. 12. 1893 † Samaden 09. 08. 1968
Ernst Heinrich * Dresden 09. 12. 1896 † Neckarhausen 14. 06. 1971
Maria Alix * Wachwitz b. Dresden 22. 08. 1898 † ebd. 22. 08. 1898
Margarete * Dresden 24. 01. 1900 † Freiburg i. Br. 16. 10. 1962
Maria Alix * Wachwitz b. Dresden 27. 09. 1901
              † Hechingen 11. 12. 1990
Anna * Lindau a. B. 04. 05. 1903 † München 09. 02. 1976

Georg 1902–1904

Der betagte König Georg folgte seinem kinderlosen Bruder Albert 1902 für zwei Jahre auf dem Thron. Der 70-jährige Witwer hatte den Rang eines Generalfeldmarschalls, war Finanzfachmann, Musikliebhaber und seit 1855 als Vorsitzender um den Sächsischen Altertumsverein engagiert. Hier setzte er sich vor allem für die Wiederherstellung geschichtsträchtiger Bauwerke wie der Meißner Albrechtsburg oder der Goldenen Pforte des Freiberger Doms ein.

König Georg von Sachsen.

* 08. 08. 1832 Pillnitz
† 15. 10. 1904 Pillnitz
Amtsantritt: 1902
Begräbnisstätte: Familiengruft Katholische Hofkirche Dresden
⚭ Lissabon 11. 05. 1859
    Maria Anna Infantin von Portugal und Algarbien
    * 21. 07. 1843 Lissabon † 05. 02. 1884 Dresden
Kinder:
Marie * Dresden 19. 07. 1860 † Dresden 2. 03. 1861
Elisabeth * Dresden 14. 02. 1862 † Dresden 18. 05. 1863
Mathilde * Dresden 19. 03. 1863 † Dresden 27. 03. 1933
Friedrich August * Dresden 25. 05. 1865 † Sibyllenort 18. 02. 1932
Maria Josepha * Dresden 31. 05. 1867 † Wildenwart/Bayern 28. 05. 1944
Johann Georg * Dresden 10. 07. 1869
              † Altshausen b. Ravensburg 24. 11. 1938
Max, Prof. d. theol. * Dresden 17. 11. 1870 † Fribourg/Schweiz 12. 01. 1951
Albert * Dresden 25. 02. 1875 † (verunglückt) Wolkau b. Nossen 16. 09. 1900

Albert   1873 – 1902

Mit König Albert gelangte 1873 ein Feldherr und Militärgenie auf den Sachsen-Thron, der 23-jährig schon zum Generalmajor befördert wurde. Tapferkeit bewies er 1848 im Feldzug gegen Dänemark. 1866 focht er an der Spitze von 31 000 Soldaten in der Schlacht von Königgrätz gegen Preußen. Seine Siege in den Schlachten von St. Privat und Beaumont gegen Frankreich machten ihn legendär – und zum preußischen Feldmarschall.

Unter dem Musik und Theater zugeneigten Albert blühte das Königreich auf, wurde vom Agrar- zum Industriestaat. Bei Volk und Armee war der kinderlos mit Prinzessin Carola von Wasa aus dem schwedischen Königshaus vermählte Albert sehr beliebt.

In seinen letzten Lebensjahren weilte er oft auf Schloss Sibyllenort bei Breslau. Die als „Schlesisches Windsor" bekannte Anlage im

Historische Postkarte vom 25-jährigen Thronjubiläum König Alberts im Jahr 1898.

Stil der Neogotik hatte ihm 1884 sein Onkel und Freund Herzog Wilhelm von Braunschweig vererbt.

Den Sachsen war er bereits zu Lebzeiten viele Ehrungen wert. In Dresden tragen beispielsweise noch heute das Ausstellungsgebäude Albertinum, Alberthafen, Albertbrücke, Albertplatz und Albertpark seinen Namen. Die einst größte und modernste deutsche Kasernenstadt (360 Hektar für 20 000 Soldaten) am nördlichen Stadtrand Dresdens heißt Albertstadt. 2002 verliehen der Chef des Hauses Wettin und sein Bruder dem Dresdner Schützenverein und dem Schützenverein Riesa den Ehrennamen „König Albert".

König Albert von Sachsen brachte es als begabter Militär bis zum preußischen Feldmarschall. Gemälde von Ferdinand Pauwels.

* 23. 04. 1828 Dresden
† 19. 06. 1902 Sibyllenort
Amtsantritt: 1873
Begräbnisstätte: Familiengruft Katholische Hofkirche Dresden
⚭ Dresden 18. 06. 1853 Caroline (Carola) Prinzessin von Wasa
  * 05. 08. 1833 Schönbrunn b. Wien † 15. 12. 1907 Dresden

Johann 1854 – 1873

Das Leben König Johanns fiel in eine Zeit, in der sich die klassische Monarchie über den Verfassungsstaat der konstitutionellen Monarchie bis zum Modell einer parlamentarischen Monarchie entwickelte. Der 3. Sohn von Maximilian Prinz von Sachsen sah den Zerfall des Heiligen Römischen Reiches Deutscher Nation und das Entstehen des Deutschen Kaiserreiches. 1866 musste er erleben, wie Sachsen als Mitglied des Norddeutschen Bundes an Selbständigkeit verlor, Außen- und Militärpolitik fortan durch Preußen bestimmt wurden. Johann war Regent und

König Johann von Sachsen war Regent und Gelehrter. Gemälde von Carl Christian Vogel von Vogelstein.

Gelehrter zugleich. Der Student der Universität Leipzig beherrschte sechs Sprachen, ging als Denker, Sozialreformer und Dichter in die Geschichte ein.

Neben der Dresdner Residenz, Schloss Pillnitz und dem von ihm 1824 gekauften Rittergut Jahnishausen bei Riesa wählte er vor allen das 1830 von den Wettinern erworbene Schloss Weesenstein zu seinem Lebensmittelpunkt. Hier, in der Abgeschiedenheit des idyllischen Müglitztales, übersetzte und kommentierte er Dantes „Göttliche Komödie". Die erste Gesamtausgabe gab er 1849 unter dem Pseudonym „Philalethes – Freund der Wahrheit" heraus. Die Zeichen der Zeit erkennend, führte der in seinen letzten Lebensjahren schwer an Asthma leidende König Johann 1861 das Sächsische Gewerbegesetz ein, das erstmals Kündigungsschutz, Tarif-Lohn-

zahlungen, Lehrlingsausbildung, Kranken- und Unterstützungskassen für Sachsens Arbeiter regelte. Seit 1877 trägt ein Dresdner Stadtteil den Namen „Johannstadt". 1889 wurde anlässlich des 800-jährigen Jubiläumsfestes des Hauses Wettin auf dem Dresdner Theaterplatz sein Reiterstandbild eingeweiht.

König Johann in Paradeuniform. – Schloss Weesenstein (S. 24). – Luftaufnahme Residenzschloss und Semperoper (S. 26).

* 12. 12. 1801 Dresden
† 29. 10. 1873 Pillnitz
Amtsantritt: 1854
Begräbnisstätte: Familiengruft
Katholische Hofkirche Dresden
⚭ 21. 11. 1822 Amalie Auguste
    Prinzessin von Bayern
    * 13. 11. 1801 München
    † 08. 11. 1877 Dresden

Kinder:
Maria * Dresden 22. 01. 1827 † Dresden 08. 10. 1857
Albert * Dresden 23. 04. 1828 † Sibyllenort 19. 06. 1902
Elisabeth * Dresden 04. 02. 1830
        † Stresa am Lago Maggiore, Ital. 14. 08. 1912
Ernst * Dresden 05. 04. 1831 † Weesenstein 12. 05. 1847
Georg * Pillnitz 08. 08. 1832 † Pillnitz 15. 10. 1904
Sidonia * Pillnitz 16. 08. 1834 † Dresden 01. 03. 1862
Anna Maria * Dresden 04. 01. 1836 † Neapel 10. 02. 1859
Margaretha * Dresden 24. 05. 1840 † Monza 15. 09. 1858
Sophia * Dresden 15. 03. 1845 † München 09. 03. 1867

Luftaufnahmen: Dresdner Altstadt u. a. mit Residenzschloss, Semperoper, Kath. Hofkirche, Zwinger.

Friedrich August II.   1836 – 1854

Durch den Einfluss seines Vaters Maximilian Prinz von Sachsen war König Friedrich August II. Musik, Theater und der Natur sehr zugetan. Er unternahm zahlreiche Exkursionen, verewigte sich u. a. mit wissenschaftlichen Abhandlungen zur Pflanzenwelt von Dresden und Marienbad. Mit dem Erstarken der sächsischen Wirtschaft konnte der Monarch auch die Kultur zu neuer Blüte führen: 1836 wurde als Hauptgebäude der Landesuniversität Leipzig das „Augusteum", 1841 das von Gottfried Semper entworfene neue Hoftheater errichtet, und 1847 er-

König Friedrich August II. von Sachsen. Gemälde von Carl Christian Vogel von Vogelstein.

hielt der gleiche Architekt den Auftrag für die Dresdner Gemäldegalerie. Der König ernannte Richard Wagner zum Hofkapellmeister. Er benutzte 1839 statt Kutsche den ersten deutschen Ferneisenbahnzug für die Fahrt von Dresden nach Leipzig. Die Revolution beendete er 1849 mit Hilfe preußischen Militärs, war jedoch vorher per Dampfschiff auf die Festung Königstein geflüchtet. Er war kinderlos.

* 18. 05. 1797   † 09. 08. 1854 (Tiroler Alpen, nach dem Schlag eines Pferdehufes)
Amtsantritt: 1836 (seit 13. 09. 1830 Mitregent mit Oheim Anton)
Begräbnisstätte: Familiengruft Katholische Hofkirche Dresden
1. ⚭ Dresden 07. 10. 1819 Carolina Erzherzogin von Österreich
        * 08. 04. 1801 Wien   † 22. 05. 1832 Dresden
2. ⚭ Dresden 24. 04. 1833 Maria Prinzessin von Bayern
        * 27. 01. 1805 München   † 13. 09. 1877 Wachwitz

Anton 1827 – 1836

**König Anton von Sachsen.
Gemälde von Carl Christian Vogel zu
Vogelstein, 1827.**

Ursprünglich für den geistigen Stand vorgesehen, hatte sich König Anton auf Wunsch seines ohne männliche Nachkommen regierenden Bruders Kurfürst Friedrich August III. (als König ab 1806 Friedrich August I.) doch noch für die Ehe entschieden. Zwei Mal wurde er, den die Nachwelt auch „der Gütige" nannte, zum Witwer. Die Kinder aus zweiter Ehe starben wenige Minuten nach der Geburt oder lebten nur kurz.

In seine Regierungszeit fällt die grundlegende Staatsreform, die Sachsen zu einem konstitutionellen Staat mit bürgerlich-liberalen Grundlagen machte. Dazu trugen im Wesentlichen der von König Anton bestellte leitende Minister Bernhard August von Lindenau und Friedrich August Prinz von Sachsen bei, dem König Anton ab 1830 die Regierungsgeschäfte als Mitregent übergab.

* 27. 12. 1755 Dresden † 06. 06. 1836 Pillnitz

Amtsantritt: 1827

Begräbnisstätte: Familiengruft Katholische Hofkirche Dresden

1. ⚭ Dresden 24. 10. 1781 Charlotte Prinzessin von Sardinien
  * 17. 01. 1764 Turin † 28. 12. 1782 Dresden

2. ⚭ Dresden 18. 10. 1787 Therese Erzherzogin von Österreich
  * 14. 01. 1767 Florenz † 07. 11. 1827 Leipzig

Kinder (aus 2. Ehe):

Maria Ludovica * Dresden 14. 03. 1795 † Dresden 25. 04. 1796

Friedrich August * Dresden 05. 04. 1796 † Dresden 05. 04. 1796

Maria Johanna * Dresden 05. 04. 1798 † Dresden 30. 10. 1799

Maria Theresia * Dresden 15. 10. 1799 † Dresden 15. 10. 1799

Friedrich August III. (I.)

1763 – 1827

Der älteste Sohn des Kurfürsten Friedrich Christian übernahm für 59 Jahre – die längste Regentschaft aller Wettiner – die Macht. Bis zum 18. Lebensjahr durch Administrator Franz Xaver (1730–1806) vertreten, wurde der friedliebende Herrscher von Preußen in einen Kampf gegen Frankreich gedrängt. Doch Napoleon zog den besiegten Friedrich August 1806 auf seine Seite – und sprach ihm die Königswürde zu. Seitdem war Sachsen Königreich.

Kurfürst Friedrich August III. wurde 1806 durch Napoleons Gnaden erster König von Sachsen. Gemälde von Anton Graff, 1795.

Die Bindung an Napoleon verpflichtete Sachsen, Truppen gegen die alliierten Preußen, Russen und Österreicher zur Verfügung zu stellen. Nach der für Napoleon verheerenden Völkerschlacht bei Leipzig vom 16./18. Oktober 1813 brachte man den Kriegsgefangenen König Friedrich August I. nach Berlin. Sachsen wurde durch ein russisches und danach ein preußisches Generalgouvernement verwaltet, verlor zwei Drittel des Territoriums und ein Drittel seiner Bevölkerung. 1815 kehrte der König zurück.

* 23. 12. 1750 Dresden † 05. 05. 1827 Dresden
Amtsantritt: 1763 (bis 1768 unter Vormundschaft des Oheims Xaver)
Begräbnisstätte: Familiengruft Katholische Hofkirche Dresden
∞ Dresden 29. 01. 1769
    Amalie Pfalzgräfin und Prinzessin von Pfalz-Zweibrücken
    * 10. 05. 1752 Mannheim † 15. 11. 1828 Dresden
Kinder:
Maria Augusta * Dresden 21. 06. 1782 † Dresden 14. 03. 1863

Friedrich Christian 1763

Kurfürst Friedrich Christian von Sachsen. Gemälde von Pierre Subleyras, 1739.

Nur 74 Tage war Kurfürst Christian im Amt und blieb damit als Herrscher mit der kürzesten Amtszeit aller Wettiner in Erinnerung. Seit der Kindheit an einer Behinderung (Rückgrat) leidend, ging er forsch an Reformen der Brühlschen Misswirtschaft, wollte die Ausgaben für die Armee und die Staatsschulden reduzieren.

Nach nur zehn Wochen auf dem Thron erkrankte er an den Blattern, erlag einem Schlaganfall. Friedrich Christians Ehefrau erlangte als Komponistin Geltung.

* 05. 09. 1722 Dresden † 17. 12. 1763 Dresden
Amtsantritt: 1763
Begräbnisstätte: Familiengruft Katholische Hofkirche Dresden
∞ Dresden 20. 06. 1747
  Maria Antonia Prinzessin von Bayern
  * 18. 07. 1724 Nymphenburg † 23. 04. 1780 Dresden

Kinder:
Friedrich August * Dresden 23. 12. 1750 † 05. 05. 1827
Carl * Dresden 24. 09. 1752 † Dresden 08. 09. 1781
Joseph * Dresden 26. 01. 1754 † Dresden 25. 03. 1763
Anton * Dresden 27. 12. 1755 † Pillnitz 06. 06. 1836
Maria Amalia * Dresden 26. 09. 1757 † Neuburg 20. 04. 1831
Maximilian * Dresden 13. 04. 1759 † 03. 01. 1838
Maria * München 27. 02. 1761 † Dresden 26. 11. 1820

Friedrich August II. 1733–1763

Der einzige ehelich geborene Sohn Augusts des Starken wurde 1733 Kurfürst von Sachsen und 1734 König von Polen. 1738 erbte er Sachsen-Merseburg und 1746 Sachsen-Weißenfels. Von sehr empfindsamem Wesen entwickelte er wenig eigenes staatsmännisches Profil, blieb im Schatten des Vaters und überließ

**Kurfürst Friedrich August II. von Sachsen. Gemälde von Anton Raphael Mengs 1745. –
Die 1739 bis 1751 errichtete Hofkirche.**

die Regierungsgeschäfte seinem wichtigsten Berater Heinrich Graf von Brühl (1700–1763). Als allmächtiger Premierminister führte er Sachsen in zwei Schlesische Kriege und den 7-jährigen Krieg.
Der treue Katholik und Ehemann Friedrich August II. jagte gern, hörte Musik. Seiner Sammelleidenschaft verdankt Sachsen Gemälde von Rang wie Raffaello Santis „Sixtinische Madonna".
Noch als Kurprinz wurde ihm 1721 Jagdschloss Hubertusburg bei Oschatz erbaut, dessen großzügige Erweiterung er veranlasste. Seiner Religiosität verdankt Dresden die 1739 bis 1751 errichtete Katholische Hofkirche.

* 07. 10. 1696 Dresden † 05. 10. 1763 Dresden
Amtsantritt: 1733
Begräbnisstätte: Familiengruft Katholische Hofkirche Dresden
∞ Wien 20. 08. 1719
    Maria Josepha Erzherzogin von Österreich
    * 08. 12. 1699 Wien † 17. 11. 1757 Dresden

Kinder:
Friedrich August * Dresden 18. 11. 1720 † Dresden 22. 01. 1721
Joseph * Pillnitz 24. 10. 1721 † Dresden 14. 03. 1728
Friedrich Christian * Dresden 05. 09. 1722 † Dresden 17. 12. 1763
Maria Amalia * Dresden 24. 11. 1724
              † Buen Retiro/Spanien 27. 09. 1760
Maria * Dresden 13. 09. 1727 † Dresden 01. 02. 1734
Maria Anna * Dresden 29. 08. 1728 † München 17. 02. 1797
Franz Xaver * Dresden 25. 08. 1730 † Dresden 21. 06. 1806
Josepha * Dresden 04. 11. 1731 † Versailles 13. 03. 1767
Carl * Dresden 13. 07. 1733 † Dresden 16. 06. 1796
Christina * Warschau 12. 02. 1735 † Brumath 19. 11. 1782
Elisabetha * Warschau 09. 02. 1736 † Dresden 24. 12. 1818
Albert * Moritzburg 11. 07. 1738 † Wien 10. 02. 1822
Clemens * Hubertusburg 28. 09. 1739
          † Marktoberdorf 27. 07. 1812
Cunigunde * Warschau 10. 11. 1740 † Dresden 08. 04. 1826

Friedrich August I. 1694–1733

Man hat ihn als prunkvollen Fürsten mit zahlreichen Mätressen und als den Bauherrn des Dresdner Barock in Erinnerung. Nach ihm nennt man eine Epoche sächsischer Geschichte sogar augusteisches Zeitalter: Friedrich August I.

Als Zweitgeborenem fiel ihm 1694 völlig unvorbereitet die sächsische Kurwürde des verstorbenen Bruders zu. Doch sein Ziel war schon wenig später die polnische Königskrone. Dafür musste er den polnischen Adel bestechen, zum Katholizismus konvertieren. Um Gelder für seine Machtgelüste aufbringen

Kurfürst Friedrich August I. von Sachsen brachte es bis zum König von Polen. Gemälde von Louis de Silvestre, um 1718.

zu können, verkaufte er uralte kursächsische Ländereien und Herrschaftsansprüche, versetzte Juwelen aus dem Staatsschatz. Am 15. 9. 1697 wurde August II. in Krakau zum König von Polen gekrönt. 1700 brach er einen Krieg gegen Schweden vom Zaun – und wurde vernichtend geschlagen. Die Schweden besetzten im Herbst 1706 sogar Sachsen. Die Besatzungskosten: geschätzte 35 Millionen Taler. Unter großen Opfern für Sachsen kehrte August zwar 1709 auf den Königsthron zurück, doch die Polen liebten ihn nie.

Um seinen Hofstaat in Dresden und Warschau, glanzvolle Feste, die überall vorherrschende verschwenderische Pracht und die wundervollen Barockbauten finanzieren zu können, führte er neue Steuern ein. Dresden verdankt dem schöpferisch begabten August II., der sich mit genialen Architekten und Künstlern umgab, Bauwerke wie

z. B. Zwinger, Taschenbergpalais, die Neue Königstadt (Neustadt) mit dem Japanischen Palais sowie Schloss Moritzburg und Großsedlitz. Die Stadt wurde unter ihm eine Residenz von europäischem Rang. Einzigartige Schätze ließ er für das Grüne Gewölbe anfertigen. Dem Irrglauben seiner Zeit verfangen, man könne mit alchimistischen Methoden Gold gewinnen, förderte er die Herstellung des ersten europäischen Porzellans.

Leipzig war mit seinen dreimal jährlich stattfindenden Messen die wirtschaftliche Hauptstadt Sachsens und eine Art Nebenresidenz. Obwohl hier die Pleißenburg wettinisches Eigentum war, logierte der Kurfürst und König im bürgerlichen Stadtpalais.

Im Gegensatz zur Legende ging er nur mit acht Mätressen zeitweilig eine mehr oder minder feste Verbindung ein. Neben seinem ehelichen Sohn und Nachfolger hatte er acht außereheliche Kinder legitimiert und damit für ihre Zukunft gesorgt. Seiner Ehefrau waren das unruhige Leben und die sie demütigenden Ausschweifungen so unangenehm, dass sie fast 30 Jahre lang fern von Dresden auf Schloss Pretzsch an der Elbe ihren Lebensmittelpunkt fand. Polen hat die standhafte Protestantin nie betreten.

Luftaufnahmen: Schloss Pillnitz sowie Japanisches Palais mit Palaisplatz (S. 34).

August der Starke ließ ab 1723 Moritzburg zum barocken Jagdpalast mit vier Flügeln umbauen.

Den vom Volksmund verliehenen Beinamen „der Starke" verdankt Friedrich August I. seiner angeblich außergewöhnlichen Körperkraft. Auch sie ist eine Legende. Zur Korpulenz kam in späteren Jahren eine schwere Zuckerkrankheit, an deren Folgen der an keine Diät zu gewöhnende Kurfürst und König verstarb.

* 12. 05. 1670 Dresden † 01. 02. 1733 Warschau
Amtsantritt: 1694
Begräbnisstätten: Wawel Krakau (Leichnam)
                    Familiengruft Kath. Hofkirche Dresden (Herzkapsel)
⚭ Bayreuth 10. 01. 1693
   Markgräfin Christiane Eberhardine von Brandenburg-Bayreuth
   * 19. 12. 1671 Bayreuth † 5. 09. 1727 Pretzsch
Kinder:
Friedrich August II. * Dresden 07. 10. 1696 † Dresden 05. 10. 1763

Johann Georg IV.   1691–1694

23-jährig kam der ältere Sohn Johann Georgs III. an die Macht. Doch die Regierungszeit des Wettiners, dem Chronisten Tatkraft, überdurchschnittlichen Verstand und Geschäftssinn bestätigten, währte nur zweieinhalb Jahre. Mit dem Kurfürsten von Brandenburg verband ihn die Gegnerschaft zu Frankreich. Februar 1693 erneuerte er das Bündnis mit dem Kaiser, dem er unter seinem Befehl 12 000 Mann im Krieg gegen Frankreich zur Verfügung stellte.

Kurfürst Johann Georg IV. von Sachsen.

Seine auf Drängen der Mutter entstandene Ehe mit einer Witwe war unglücklich. Verhängnisvoll für den jungen Kurfürsten wurde die bereits als Kurprinz begonnene Liaison mit der Tochter des Obersten der kurfürstlichen Leibgarde Magdalena Sibylla von Neitschütz. Zu einer Doppelehe mit der Dirne, die bereits im Alter von 13 Jahren Liebhaber empfing, kam es nicht mehr. Im Alter von 20 Jahren verstarb sie an den Blattern. Der Kurfürst steckte sich auf ihrem Sterbelager mit der damals unheilbaren Krankheit an.

* 18. 10. 1668 Dresden   † 27. 04. 1694 Dresden
Amtsantritt: 1691
Begräbnisstätte: Grablege im Dom St. Marien Freiberg
∞ Leipzig 17. 04. 1692
     Eleonore Prinzessin von Sachsen-Eisenach, verwitwete
     Markgräfin von Brandenburg-Ansbach
     * 13. 04. 1662 Friedewald   † 09. 09. 1696 Pretzsch

Johann Georg III.   1680 – 1691

Schon im Alter von 25 Jahren hatte ihn sein Vater zum Landvogt der Oberlausitz mit Residenz in der Ortenburg zu Bautzen ernannt. Er schuf das stehende Heer für Sachsen, half 1683 mit 11000 sächsischen Soldaten, die Türken vor Wien zu vertreiben. Johann Georg III. machte Schluss mit Prunk und ausländischen Höflingen, füllte lieber die Kriegskasse.

Sächsische Männer waren 1688 bei der Eroberung von Belgrad dabei. Schon 1684 schickte er Truppen im Kampf gegen die Türken nach Venedig. Vier Jahre später zog er mit 14 000 Mann

Kurfürst Johann Georg III. von Sachsen. Gemälde von Samuel Bottschild, um 1685.

gegen Frankreich ins Feld. Wegen seines kriegerischen Geistes ging Johann Georg III. als „sächsischer Mars" in die Geschichte ein.

* 20. 06. 1647 Dresden † 12. 09. 1691 Tübingen
Amtsantritt: 1680
Begräbnisstätte: Grablege im Dom St. Marien Freiberg
⚭ Kopenhagen 09. 10. 1666
    Anna Sophia Prinzessin von Dänemark
    * 01. 09. 1647 Kopenhagen † 01.07. 1717 Lichtenburg

Kinder:
Johann Georg IV. * Dresden 18. 10. 1668 † Dresden 27. 04. 1694
Friedrich August I. * Dresden 12. 05. 1670 † Warschau 01. 02. 1733

Johann Georg II.   1656–1680

43-jährig an die Macht gekommen, musste Johann Georg II. zunächst das Testament seines Vaters vollstrecken. Per Vergleich vom 22. April 1657 teilte er mit seinen Brüdern das Kurfürstentum, blieb aber oberster Landesherr: August bekam zusätzlich zum Herzogtum Magdeburg – fiel bei seinem Tod an Brandenburg – in Thüringen gelegene Landesteile sowie die Ämter Dahme und Jüterbog. Der in Halle residierende August baute über der Stadt Weißenfels die Augustusburg. Seine Nebenlinie Sachsen-Weißenfels starb 1746 aus. Christian erhielt neben dem Stift Merseburg die Niederlausitz sowie die Ämter Bitterfeld, Delitzsch und Zörbig. Seine

Luftbildaufnahme des Palais im Dresdner Großen Garten, erster bedeutender Barockbau Dresdens von 1678.

Nebenlinie Sachsen-Merseburg erlosch 1738.

Moritz bekam zum Zeitzer Stiftsgebiet das sächsische Vogtland, das Gebiet um Neustadt/Orla und Teile der Grafschaft Henneberg. Schloss Moritzburg bei Zeitz errichtete er als Residenz. Die von ihm begründete Nebenlinie Sachsen-Zeitz erlosch 1718.

Der Prunk und Pracht liebende Johann Georg II. legte den Großen Garten an, in welchem 1678 mit dem Palais der erste bedeutende Barockbau Dresdens entstand. Schon 1664 hatte er ein neues Schauspielhaus errichten lassen. Das Residenzschloss wurde ausgebaut.

Kurfürst Johann Georg II. von Sachsen. Gemälde von Johann Fink.

* 31. 05. 1613 Dresden † 22. 08. 1680 Freiberg
Amtsantritt: 1656
Begräbnisstätte: Grablege im Dom St. Marien Freiberg
⚭ Dresden 13. 11. 1638
    Magdalena Sibylla Markgräfin von Brandenburg-Bayreuth
    * 01. 11. 1612 Bayreuth † 20. 03. 1687 Dresden

Kinder:
Sibylla Maria * Dresden 16. 09. 1642 † Dresden 27. 02. 1643
Erdmuthe * Dresden 15. 02. 1644 † Bayreuth 12. 06. 1670
Johann Georg III. * Dresden 20. 06. 1647 † Tübingen 12. 09. 1691

Johann Georg I. 1611–1656

45 Jahre lang – auch in der schweren Zeit des 30-jährigen Krieges – trug Johann Georg I. den Kurhut. 1619 hätte er König von Böhmen und sogar Kaiser werden können. Doch die Gunst der Stunde wollte er nicht nutzen.

Im Verlauf des Krieges wechselte der militärisch und politisch wenig interessierte Kurfürst mehrfach die Seite. So verließ er das Bündnis mit Schweden und schloss am 30. Mai 1635 mit dem Kaiser den Prager Frieden. Als Dank trat ihm dieser die Ober- und Niederlausitz ab. Es wurde der größte Landgewinn, den Sachsen nach 1547 je erzielen konnte. Doch die nun verfeindeten Schweden verwüsteten Sachsen schrecklich. Erst am 6. September 1645 konnte mit ihnen

Im Auftrag von Johann Georg I. wurde ab 1648 das Berg- und Lusthaus Hoflößnitz im heutigen Radebeul errichtet.

der Waffenstillstand von Kötz-
schenbroda unterzeichnet werden.

Der die Musik und die Jagd über
alles liebende Kurfürst rief 1617
Heinrich Schütz (1585–1672)
als Hofkapellmeister nach Dresden.

* 05. 03. 1585 Dresden
† 08. 10. 1656 Dresden
Amtsantritt: 1611
Begräbnisstätte: Grablege im Dom
St. Marien Freiberg
1. ⚭ Dresden 16. 09. 1604
    Sibylla Elisabeth Herzogin
    von Württemberg
    * 10. 04. 1584 Mömpelgard
    † 20. 01. 1606 Dresden
2. ⚭ Torgau 19. 07. 1607

**Kurfürst Johann Georg I.
von Sachsen. Gemälde von
Daniel Bretschneider.**

    Magdalena Sibylla Markgräfin von Brandenburg
    * 31. 12. 1586 Königsberg † 12. 02. 1659 Dresden

Kinder:
Sophia * Dresden 23. 11. 1609 † Darmstadt 02. 06. 1671
Maria Elisabeth * Dresden 22. 11. 1610 † Husum 24. 06. 1684
Christian Albert * Dresden 04. 03. 1612 † Dresden 09. 08. 1612
Johann Georg II. * Dresden 31. 05. 1613 † Freiberg 22. 08. 1680
August * Dresden 13. 08. 1614 † Halle 04. 06. 1680
Christian I. * Dresden 27. 10. 1615 † Merseburg 18. 10. 1691
Magdalena Sibylla * Dresden 23. 12. 1617 † Altenburg 06. 01. 1668
Moritz * Dresden 28. 03. 1619 † Moritzburg/Zeitz 04. 12. 1681
Heinrich * Dresden 27. 06. 1622 † Dresden 15. 08. 1622

Christian II. 1591–1611

Der älteste Sohn des Kurfürsten Christian I. war ein geistig passiver und demzufolge auch vom politischen Geschäft überforderter Kopf. Er erfreute sich an Ritterspielen und Turnieren, frönte hemmungslos Tafelfreuden und Trunksucht. Weil der Kurfürst beim Ableben des Vaters gerade acht Jahre alt war, verwaltete Vormund Herzog Friedrich Wilhelm von Sachsen-Weimar (ernestinische Verwandtschaft) zehn Jahre lang von Torgau aus als Administrator Kursachsen.

Kurfürst Christian II. von Sachsen. Gemälde von Zacharias Wehme.

Am 9. Oktober 1601 ließ Christian II. Dr. Nikolaus Crell, den 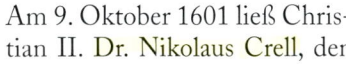 des Calvinismus beschuldigten wichtigsten Vertrauten seines Vaters, in Dresden enthaupten. Nach einem Ringrennen trank der überhitzte und an Fettsucht leidende Kurfürst zu viel kaltes Bier und erlitt 28-jährig einen tödlichen Gehirnschlag.

* 23. 09. 1583 Dresden † 23. 06. 1611 Dresden
Amtsantritt: 1591 (bis 1601 unter Vormundschaft)
Begräbnisstätte: Grablege im Dom St. Marien Freiberg
∞ Dresden 12. 09. 1602
    Hedwig Prinzessin von Dänemark
    * 05. 08. 1581 Frederiksborg † 26. 11. 1641 Lichtenburg

Christian I.   1586–1591

Im Gegensatz zu seinem spar-
samen Vater liebte Christian I.
höfische Prachtentfaltung. Er
ließ 1586 am Residenzschloss
den prächtigen Stallhof, 1589
auf dem Königstein die Chris-
tiansburg errichten.

Innen- und Außenpolitik bestimmte der aufgeklärte Leip-
ziger Professorensohn Dr. Nikolaus Krell (um 1551–1601),
der 1589 zum kursächsischen
Kanzler aufstieg. Er betrieb die
Abkehr von der auf die Habsburger ausgerichteten kaiser-
treuen Linie, eine Union pro-
testantischer Fürsten, und wollte

**Kurfürst Christian I. von Sachsen.
Gemälde von Zacharias Wehme.**

orthodoxe lutherische Positionen zugunsten calvinistischer Ein-
flüsse erneuern. Dabei wurden vor allem die adligen Stände zu seinen erbitterten Gegnern. Im Alter von 31 Jahren wurde Christian I.
ein Opfer seiner Alkoholsucht und starb an einer Magen- und
Darmkrankheit.

* 29. 10. 1560 Dresden † 25. 09. 1591 Dresden
Amtsantritt: 1586
Begräbnisstätte: Grablege im Dom St. Marien Freiberg
⚭ Dresden 25. 04. 1582
   Sophia Markgräfin von Brandenburg
   * 06. 06. 1568 Zechlin † 07. 12. 1622 Dresden

Kinder:
Christian II. * Dresden 23. 09. 1583 † Dresden 23. 06. 1611
Johann Georg I. * Dresden 05. 03. 1585 † Dresden 08. 10. 1656

Unter Christian I. wurde der Königstein ab 1589 zur uneinnehmbaren Berg-
festung Sachsens ausgebaut. Seit 1955 ist die Festung Museum.

Anna * Dresden 25. 01. 1586 † Dresden 24. 03. 1586
Sophia * Dresden 29. 04. 1587 † Stettin 09. 12. 1635
Elisabeth * Dresden 21. 07. 1588 † Dresden 04. 03. 1589
August * Dresden 07. 09. 1589 † Naumburg 26. 12. 1615
Dorothea * Dresden 07. 01. 1591 † 18. 04. 1610

August 1553–1586

Nach dem plötzlichen Tod des Kurfürsten Moritz gelangte sein jüngerer Bruder auf den Thron. Ihn nannte man später „Vater August" – vielleicht, weil er das Bild des Sachsen prägte, der fleißig, genügsam, sparsam und immer geschäftig ist.

Als Herrscher suchte er zuerst den Ausgleich mit den Ernestinern. Im Naumburger Vertrag vom 24. Februar 1554 überließ er ihnen Teile Thüringens, schenkte den Verwandten dazu 100 000 Gulden. Diese erwiesen sich als undankbar, wollten zwölf Jahre später viel mehr. Da schickte August Ende 1566 das kursächsische Heer nach Gotha,

Kurfürst August von Sachsen. Gemälde von Lucas Cranach d. J., 1572.

ließ die Stadt einnehmen, Berater hinrichten. Der Ernestiner Herzog Johann Friedrich II. (1529–1595) kam in lebenslange kaiserliche Haft, und Kurfürst August nahm sich vier Thüringer Amtsbezirke. Auch später gelang ihm manch territoriale Vergrößerung.

Mit unbarmherziger Härte reagierte August auf calvinistische Strömungen, in denen er eine Gefahr für den rechten Glauben sah. August regelte durch eine Schul- und Kirchenordnung sowie zahlreiche Gesetze sehr akribisch das Leben im Lande, war ein erfolgreicher Wirtschaftspolitiker mit eigenen frühkapitalistischen Unternehmen. Nach Beratung des Rechenmeisters Adam Ries (1492–1559) entstand die Münzordnung von 1558.

Die Augustusburg bei Chemnitz wurde unter Kurfürst August als mächtiger quadratischer Bau mit vier Eckhäusern errichtet.

Von 1568 bis 1573 ließ er die mächtige Festung Augustusburg bei Chemnitz errichten. Statt des abgebrochenen Schlosses Lochau bei Torgau baute er 1572 bis 1575 die Annaburg. Auf Augusts Bautätigkeit in Dresden gehen 1559 das Zeughaus als Vorgänger des heutigen Albertinums und das von 1565 bis 1567 errichtete Kanzleihaus am Residenzschloss zurück.

Doch die eigentliche Leidenschaft des auch handwerklich begabten Kurfürsten galt Wissenschaften wie Astronomie und Astrologie sowie kunsthistorischen Sammlungen. Rund 100 000 Exponate an Globen, Uhren, Meteoriten, Gemälden, Instrumenten und Büchern trug er in seiner 1560 begründeten Kunstkammer im Dresdner Schloss zusammen. Damit begründete August, der auch bei der Gregorianischen Kalenderreform eine wichtige Rolle spielte, viele heutige Dresdner Museen wie den Mathematisch-Physikalischen

Salon, die Staatlichen Museen für Mineralogie und Tierkunde, die Gemäldegalerie Alte Meister, die Skulpturensammlung und die Sächsische Landes- und Universitätsbibliothek. Seine erste Ehefrau Anna hat große Verdienste bei der Tier-, besonders Bienenzucht, Obst- und Weinbau. Sie gründete die erste Apotheke Sachsens.

* 31. 07. 1526 Freiberg † 11. 02. 1586 Dresden
Amtsantritt: 1553
Begräbnisstätte: Grablege im Dom St. Marien Freiberg
1. ⚭ Torgau 07. 10. 1548
    Anna Prinzessin von Dänemark
    * 22. 11. 1532 Hadersleben † 01. 10. 1585 Dresden
2. ⚭ Dessau 03. 01. 1586
    Agnes Hedwig Prinzessin von Anhalt-Dessau
    * 12. 03. 1573 Dessau † 03. 11. 1616 Sonderburg

Kinder (aus 1. Ehe):
Johann Heinrich * Weißenfels 05. 05. 1550 † Weißenfels 12. 11. 1550
Eleonore * Wolkenstein 11. 10. 1551 † Wolkenstein 24. 04. 1553
Elisabeth * Wolkenstein 18. 10. 1552 † Heidelberg 02. 02. 1590
Alexander * Dresden 21. 02. 1554 † Dresden 08. 10. 1565
Magnus * Dresden 24. 09. 1555 † Dresden 06. 11. 1558
Joachim * Dresden 03. 05. 1557 † Dresden 21. 11. 1557
Hektor * Dresden 07. 10. 1558 † Dresden 04. 04. 1560
Christian I. * Dresden 29. 10. 1560 † Dresden 25. 09. 1591
Maria * Torgau 08. 03. 1562 † Torgau 06. 01. 1566
Dorothea * Dresden 04. 10. 1563 † Wolfenbüttel 13. 02. 1587
Amalia * Dresden 28. 01. 1565 † Dresden 02. 07. 1565
Anna * Dresden 16. 11. 1567 † Coburg 27. 01. 1613
August * Dresden 23. 10. 1569 † Dresden 12. 02. 1570
Adolph * Stolpen 08. 07. 1571 † Dresden 12. 03. 1572
Friedrich * Annaburg 18. 06. 1575 † Annaburg 24. 01. 1576

Moritz   1541–1553

Im Alter von 20 Jahren mit der Regierung des Herzogtums Sachsen betraut, stellte Moritz all seine Vorfahren in den Schatten. Als Macht- und Tatmensch war er schon früh eigene Wege gegangen, hatte sich beispielsweise gegen den Willen der Eltern verlobt. Mit dem Reichtum aufgelöster Klöster gründete er die Fürstenschulen Meißen, Grimma und Schulpforta.

Dem im Reiten, Jagen und Waffentragen versierten Wettiner waren die Grenzen des Landes zu eng. 1542 stürzte er sich in den Türkenkrieg, Herbst 1543

Herzog Moritz wurde 1547 Kurfürst von Sachsen. Gemälde von Lucas Cranach d. J., 1578.

unterstützte er mit 1 000 Reitern den Kaiser gegen die Franzosen, Sommer 1545 zog er gegen Herzog Heinrich von Braunschweig ins Feld. Im Glaubenskrieg stellte er sich zuerst gegen seine protestantischen Verwandten auf die Seite des katholischen Kaisers, half die Schlacht von Mühlberg (24. April 1547) zu gewinnen. Damit hatte Moritz zwei Glückstreffer gelandet: Erstens konnte er nach der Wittenberger Kapitulation des ernestinischen Verwandten, der die Kurwürde verlor, sein zersplittertes Sachsen gewaltig vergrößern, leider ohne Thüringen. Zweitens wurde Moritz am 4. Juni 1547 zum Kurfürsten ausgerufen. Seitdem sind die albertinischen Wettiner ununterbrochen Sachsens Kurfürsten und Könige.

Danach widmete sich Moritz der Europapolitik, wurde der Führer norddeutscher evangelischer Fürsten und ein erbitterter Gegner des Kaisers. Dem König von Frankreich überließen sie die deutschen

Schloss Hartenfels an der Elbe bei Torgau war neben der Meißner Albrechtsburg und dem Dresdner Schloss eines der drei sächsischen Residenzschlösser.

Städte Cambrai, Metz, Toul und Verdun. Dieser finanzierte dafür den Krieg gegen den Kaiser, den man 1552 zur Anerkennung des Protestantismus zwang.

Moritz war 1553 der wichtigste deutsche Fürst, der zukünftige König. Doch bei einem eher unbedeutenden Scharmützel – der Schlacht von Sievershausen bei Hannover – verwundete am 9. Juli 1553 Moritz eine Kugel im Rücken. Womöglich wurde er noch vergiftet. Über seinem Leichnam prangt im Freiberger Dom das prächtigste Grabmal, das ein Wettiner je bekam.

* 21. 03. 1521 Freiberg † 11. 07. 1553 Sievershausen
Amtsantritt: 1541
Begräbnisstätte: Grablege im Dom St. Marien Freiberg
⚭ Marburg 11. 01. 1541
    Agnes Landgräfin von Hessen
    * 31. 05. 1527 Marburg † 04. 11. 1555 Weimar

Kinder:
Anna * Dresden 23. 12. 1544 † Dresden 18. 12. 1577
Albert * Dresden 28. 11. 1545 † Dresden 12. 04. 1546

Heinrich der Fromme 1539–1541

Der Herzog war ein gutmütiger und unkriegerischer Herrscher, der sein beschauliches Dasein im Freiberger Schloss liebte und von den Einnahmen der Ämter Freiberg und Wolkenstein lebte. Die wichtigste Leistung seines Lebens war die Gründung der Bergstadt Marienberg. Im Alter von 66 Jahren gelangte er durch den Tod des Bruders, dem alle männlichen Erben verstorben waren, an die Spitze des Herzogtums Sachsen. Zum Pfingstfest am 25. Mai 1539 führte er

Herzog Heinrich der Fromme, gemalt von Lucas Cranach d. Ä.

mit einer Feier in Leipzig nach ernestinischem Vorbild die Reformation im albertinischen Sachsen ein.

* 16. 03. 1473 Dresden † 18. 08. 1541 Dresden
Amtsantritt: 1539
Begräbnisstätte: Grablege im Dom St. Marien Freiberg
⚭ Freiberg 06. 07. 1512
    Catharina Herzogin von Mecklenburg
    * erste Monate 1487 † 6. 06. 1561 Torgau

Kinder:
Sibylla * Freiberg 02. 05. 1515 † Buxtehude 18. 07. 1592
Aemilia * Freiberg 27. 07. 1516 † Ansbach 09. 04. 1591
Sidonia * Meißen 08. 03. 1518
            † Abtei Weißenfels/Braunschweig 04. 01. 1575
Moritz * Freiberg 21. 03. 1521 † Sievershausen/Hannover 11. 07. 1553
Severinus * Freiberg o. Meißen 28. 08. 1522 † Innsbruck 10. 10. 1533
August * Freiberg 31. 07. 1526 † Dresden 11. 02. 1586

Georg der Bärtige 1500–1539

Der älteste Sohn Albrecht des Beherzten wirkte in der Zeit der nach Martin Luthers (1483 bis 1546) Thesenanschlag von 1517 einsetzenden Reformation und des 1524 bis 1526 währenden Bauernkriegs. Beiden geschichtlichen Ereignissen stand er am Ende ablehnend gegenüber. Nach der im Juli 1519 zu Leipzig stattgefundenen Disputation Luthers mit Eck unterdrückte er jede reformatorische Gesinnung, blieb für Generationen der letzte katholische Albertiner. Dafür betrieb der fromme Mann mit viel Diplomatie und Geld die 1524 erfolgte Heiligsprechung des Bischofs Benno von Meißen. Sachsens Wirtschaft erblühte unter seiner Herrschaft.

Herzog Georg der Bärtige. Reliefbild von Christoph Walther I., 1537.

* 27. 08. 1471 Meißen † 17. 04. 1539 Dresden
Amtsantritt: 1500, Begräbnisstätte: Fürstenkapelle im Dom zu Meißen
⚭ Leipzig 21. 11. 1496 Barbara Prinzessin von Polen
   * 15. 07. 1478 Sandomir † 15. 02. 1534
Kinder:
Christoph I. * Dresden 08. 09. 1497 † Leipzig 05. 12. 1497
Johann * Dresden 24. 08. 1498 † Dresden 11. 01. 1537
Wolfgang * 1499 † Dresden 12. 01. 1500
Anna * 21. 01. 1500 † 23. 01. 1500
Christoph II. * 27. 05. 1501 † 27. 05. 1501
Agnes * 7. 01. 1503 † 16. 04. 1503
Friedrich * Dresden 15. 03. 1504 † Dresden 26. 02. 1539
Christina * 25. 12. 1505 † Kassel 15. 04. 1549
Magdalena * Dresden 07. 03. 1507 † Berlin 25.(?) 01. 1534
Margaretha * Dresden 07. 09. 1508 † zw. 07. 09. u. 19. 12. 1510

Albrecht der Beherzte 1464–1500

Nach dem Tod seines Vaters Friedrich des Sanftmütigen herrschte Herzog Albrecht lange Jahre zusammen mit dem drei Jahre älteren Bruder Kurfürst Ernst über Sachsen. Ihre gemeinsame Hofhaltung befand sich im Dresdner Schloss. Nach den Habsburgern waren die Wettiner damals die mächtigsten Fürsten des deutschen Reiches – vor allem, als in Weimar Wilhelm III. (1425–1482) ohne männliche Erben starb. Denn das von ihm regierte Thüringen fiel an die Hauptlinie der Wettiner zurück.

Doch gerade auf dem Höhepunkt der größten territorialen

Herzog Albrecht, Stammvater der albertinischen Wettiner. Flämischer Meister, um 1490.

Machtentfaltung entzweiten sich die Brüder. Ernst forderte die verhängnisvolle und den politischen Einfluss Sachsens immens schwächende Teilung des Besitzes, die am 11. November 1485 zu Leipzig vollzogen wurde. Der Ältere brachte den Teilungsvorschlag ein, Albrecht konnte wählen und nahm den meißnisch-osterländischen Teil mit Dresden und Leipzig. Ernst, Inhaber des Kurkreises Wittenberg, erhielt Thüringen und die fränkischen Besitzungen. Nur das an Silbererz reiche Bergrevier um Schneeberg, schlesische und niederlausitzische Gebiete sowie das Hochstift Meißen blieben unter gemeinsamer Verwaltung.

Die Wettiner teilen sich seitdem in eine ernestinische und eine albertinische Linie. Die Kurwürde blieb bis zum Ende des Schmalkaldischen Krieges bei den Ernestinern. Für die Geschicke Sachsens sind die Albertiner entscheidend.

Herzog Albrecht, der die meiste Zeit außerhalb Sachsens im Dienst des Reiches auf Schlachtfeldern kämpfte, bestimmte Dresden zu seiner Residenz. Kurz vor seinem Tod erließ er 1499 die „Väterliche Ordnung", die zur Verhinderung weiterer Landes-Teilungen die Primogenitur-Erbfolge festlegte – ausschließlich der älteste Sohn hat das Erbrecht an der Landesherrschaft.

* 31. 07. 1443 Grimma † 12. 09. 1500 Emden
Amtsantritt: 1464 (zusammen mit Bruder Ernst)
             1485 (für sein Gebiet des geteilten Landes)
Begräbnisstätte: Fürstenkapelle im Dom zu Meißen (Leichnam)
                 Emden (Herz)
∞ Eger 11. 11. 1459
   Zedena (Sidonie) Prinzessin von Böhmen
   * 11. 11. 1449 † 01. 02. 1510 Tharandt

Kinder:
Catharina * Meißen 24. 07. 1468 † 10. 02. 1524
Georg der Bärtige * Meißen 27. 08. 1471 † Dresden 17. 04. 1539
Heinrich der Fromme * Dresden 16. 03. 1473 † Dresden 18. 08. 1541
Friedrich * Torgau 25. 10. 1474 † Rochlitz 13. 12. 1510
Anna * 03. 08. 1478 † Dresden Ende 1479
Ludwig * Torgau 28. 09. 1481 † jung, Sept. d. Jahres wie Johann II.
Johann I. * Torgau 24. 06. 1484 † Torgau 24. 06. 1484
Johann II. * Torgau 02. 12. 1498 † jung, Sept. d. Jahres wie Ludwig

Ernst 1464–1486

Der Stammvater der ernestinischen Wettiner hatte schon als 14-Jähriger ein traumatisches Erlebnis. Zusammen mit seinem jüngeren Bruder Albrecht wurde er in der Nacht vom 7. zum 8. Juli 1455 über eine Strickleiter vom gewalttätigen Ritter Kunz von Kaufungen und Spießgesellen aus der schlecht bewachten Altenburg geraubt. Dieser wollte mit den Geiseln den Kurfürsten erpressen, zur Erfüllung alter Forderungen zwingen. Doch auf dem Weg nach Böhmen stellte ihn ein Köhler, die Prinzen kamen frei. Kunz wurde am 14. Juli

Kurfürst Ernst, Stammvater der ernestinischen Wettiner.

1455 auf dem Freiberger Markt enthauptet. Der Kriminalfall ging als sächsischer Prinzenraub in die Geschichte ein.

Beinahe zwei Jahrzehnte regierte Kurfürst Ernst zusammen mit seinem Bruder Herzog Albrecht die wettinischen Lande. Dann verlangte er die Teilung (siehe Albrecht).

Nach Ernsts Tod waren Nachkommen noch über zwei Generationen Träger der Kurwürde: seine Söhne Friedrich III., der Weise (1463–1525) und Johann der Beständige (1468–1532) sowie Enkel Johann Friedrich der Großmütige (1503–1554) bis zur Wittenberger Kapitulation vom 19. Mai 1547.

Herausragende Bedeutung kam lediglich Friedrich III. zu. Er hatte 1502 die Universität Wittenberg gegründet, war unter Deutschlands Kurfürsten der älteste und angesehenste. Friedrich III. sollte deutscher Kaiser werden. Doch am Wahltag, dem 28. Juni 1519, gab er

in Frankfurt am Main dem Habsburger Karl seine Stimme. Der fromme Mann, der es mit Reformator Martin Luther nicht leicht hatte, fühlte sich zu schwach für diese Verantwortung.

* 24. 03. 1441 Meißen † 26. 08. 1486 Colditz
Amtsantritt: 1464 (zusammen mit Bruder Albrecht)
          1485 (für sein Gebiet des geteilten Landes)
Begräbnisstätte: Fürstenkapelle im Dom zu Meißen
∞ Leipzig 19. 11. 1460
   Elisabeth Prinzessin von Bayern
   * 02. 02. 1443 † 05. 03. 1484 Leipzig

Kinder:
Christina * Torgau 25. 12. 1461 † Odense/Dänemark 08. 12. 1521
Friedrich III., der Weise * Torgau 17. 01. 1463 † Lochau 05. 05. 1525
Ernst * Meißen 26. 06. 1464 † Halle 03. 08. 1513
Albrecht * Meißen 1467 † Aschaffenburg 01. 05. 1484
Johann der Beständige * Meißen 30. 06. 1468 † Torgau 12. 07. 1503
Margareta * 04. 08. 1469 † Weimar 07. 12. 1528
Wolfgang * wohl 1473 † Torgau 1478

Die Lutherstube auf der Wartburg bei Eisenach (S. 56). Kurfürst Friedrich III., der Weise (Regierungsjahre 1486–1525), der älteste Sohn des Kurfürsten Ernst, verbarg hier Reformator Martin Luther (1483–1546).

Friedrich der Sanftmütige

1428–1464

Kurfürst Friedrich der Sanftmütige.

Gerade 15 Jahre alt, übernahm der Kurfürst nach dem Tod des Vaters die Herrschaft. Im gleichen Jahr wurde die Ehe mit der Habsburgerin Margaretha verabredet und 1431 zu Leipzig geschlossen – Beginn einer Jahrhunderte währenden, engen Verbindung der Wettiner mit dem österreichischen Herrscherhaus. Die Sachsen stark in Mitleidenschaft ziehenden Hussitenüberfälle waren 1438 beendet. Doch zum neuen Problem wurde Friedrichs jüngerer Bruder Wilhelm III., der das 1440 an Sachsen gefallene Thüringen für sich forderte. So musste Kursachsen am 10. September 1445 in der sogenannten Altenburger Teilung für die Brüder halbiert werden. Statt Eintracht gab es bis zum 27. Januar 1451 schwere Fehden, die Chronisten als „sächsischen Bruderkrieg" bezeichneten.

* 22. 08. 1412 Leipzig † 07. 09. 1464 Leipzig   Amtsantritt: 1428
Begräbnisstätte: Fürstenkapelle im Dom zu Meißen
∞ Leipzig 03. 06. 1431 Margaretha Erzherzogin von Österreich
  * zwischen 1416 und 1417 † 12. 02. 1486 Altenburg
Kinder: Amalia * Meißen 04. 04. 1436 † Rochlitz 19. 11. 1501
Anna * 07. 03. 1437 † Neustadt/Aisch 31. 10. 1512
Friedrich * Meißen 28. 08. 1439 † 23. 12. 1451
‣ *Ernst* * Meißen 24. 03. 1441 † Colditz 26. 08. 1486
‣ *Albrecht der Beherzte* * Grimma 31. 07. 1443 † Emden 12. 09. 1500
Margaretha * 1444 † Seußlitz bei Meißen 1491
Hedwig * 31. 10. 1445 † Quedlinburg/Harz 13. 06. 1511
Alexander * 24. 06. 1447 † 14. 09. 1447

Friedrich der Streitbare   1381–1428

Als ein herausragender Wettiner kam im 15. Jahrhundert Friedrich der Streitbare, bereits der vierte meißnische Markgraf namens Friedrich, an die Macht. Diesem außerordentlich klugen und kampferprobten Mann, der zuerst unter Vormundschaft seiner Mutter regierte, verdanken die Wettiner die Kurwürde und den Landnamen Sachsen.

Schon bevor Friedrich den Kurhut bekam, gründete er mit seinem gleichfalls regierenden Bruder Markgraf Wilhelm II. (1371–1425) im Jahr 1409 die Universität Leipzig. Damit hat Sachsen eine der ältesten Universitäten der Welt.

Markgraf und Kurfürst Friedrich der Streitbare. – Seine Begräbnisstätte im Dom zu Meißen (S. 60).

Durch seine Erfolge als Feldherr gegen die böhmischen Hussiten hatte sich Friedrich die Achtung des deutschen Königs Siegmund erworben. Nach dem Aussterben des askanischen Herzoghauses 1322 belehnte ihn dieser am 6. Januar 1423 und am 1. August 1425 in Budapest mit dem Herzogtum und der Kur Sachsen, dem Erzmarschallamt, der Pfalz Allstedt, der Grafschaft Brehna und der Burggrafschaft Magdeburg.

Der 53-jährige Friedrich, als Kurfürst Friedrich I. genannt, und die Wettiner waren damit auf die höchste Stufe der deutschen Reichsfürsten gerückt. Wie der Erzbischof von Mainz, der Erzbischof von Köln, der Erzbischof von Trier, der König von Böhmen als Erzmundschenk, der Pfalzgraf bei Rhein als Erztruchsess und der

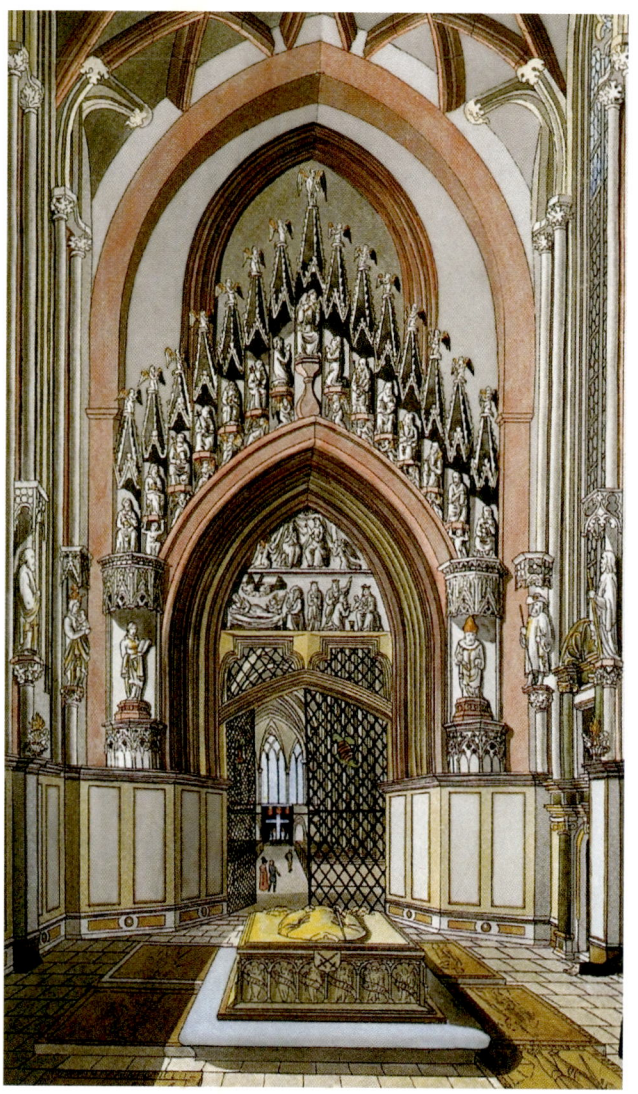

Markgraf von Brandenburg als Erzkämmerer gehörten sie nun zu den sieben Wählern des Römischen Königs. In Zeiten der Reichsvakanz – zwischen dem Tod des Kaisers und der Wahl des Nachfolgers – verwalteten der Kurfürst von Sachsen mit dem Pfalzgrafen bei Rhein als Reichsvikare das höchste Amt.

Ihren Ländereien (u. a. meißnische Lande, Pleißenland) gaben die Kurfürsten von Sachsen fortan den einheitlichen Namen Sachsen. Kurfürst Friedrich I. wurde als erster seines Geschlechts in der Fürstenkapelle des Meißner Doms beigesetzt. Die spätgotische Gruft erhielt 1455 eine Bronzeplatte mit seinem Antlitz und ist wegen Friedrichs Bedeutung über alle Grabplatten herausgehoben.

* 11. 04. 1370 † 04. 01. 1428 Altenburg
Amtsantritt: 1381
Begräbnisstätte: Fürstenkapelle im Dom zu Meißen
∞ 07. 02. 1402
    Catharina Prinzessin von Braunschweig-Lüneburg
    † 28. 12. 1442 Grimma

Kinder:
Catharina † jung
Friedrich der Sanftmütige * Leipzig 22. 08. 1412 † Leipzig 07. 09. 1464
Sigismund * Grimma 03. 03. 1416 † Rochlitz 24. 12. 1471
Anna * 05. 06. 1420 † Spangenberg/Hessen 17. 09. 1462
Catharina * 1421 † 23. 08. 1476
Heinrich * 21. 05. 1422 † 22. 07. 1435
Wilhelm III. * Meißen 30. 04. 1425 † Weimar 17. 09. 1482

Friedrich der Strenge　　1349–1381

Es war ein wichtiges Verdienst des Markgrafen, dass er mit den jüngeren Brüdern bis 1379 eine gemeinschaftliche Regierung der wettinischen Lande unter seiner Führung unterhielt. 1350 erlangte er von Kaiser Karl IV. (1316–1378) für sich und die Brüder die Belehnung mit allen wettinischen Gebieten. Seitdem konnten die Wettiner alle Titel und Wappen ihres Hauses gemeinsam führen. Durch Verpfändung, Kauf, Tausch und Ver-

Markgraf Friedrich der Strenge.

heiratung wurde der beachtliche Landbesitz sogar vergrößert.

In der später durch Los erfolgten Teilung erhielt Friedrich das Osterland, Markgraf Balthasar (1336–1406) Thüringen und Markgraf Wilhelm (1343–1407) Meißen. Die wichtigsten Hohheitsrechte nahmen sie gemeinsam wahr. Markgraf Ludwig (1341–1382) wurde Bischof von Halberstadt, Erzbischof von Mainz, Erzbischof von Magdeburg. Somit hatte er keinen Anteil am Erbe.

* 14. 10. 1332 Dresden † 25. 05. 1381
Amtsantritt: 1349
Begräbnisstätte: Fürstenkapelle Kloster Altzella
⚭ 1346 Catharina Gräfin von Henneberg
　　† 15. 07. 1397 Meißen
Kinder:
Friedrich † jung, um 1350
Friedrich der Streitbare * 11. 04. 1370 † Altenburg 04. 01. 1428
Wilhelm II., der Reiche * 23. 04. 1371 † 30. 03. 1425
Georg * 1380 † Coburg 09. 12. 1401

Friedrich der Ernsthafte   1323–1349

Durch die Ehe mit Mechthild Prinzessin von Bayern wurde Markgraf Friedrich der Ernsthafte zum Schwiegersohn des deutschen Königs und römischen Kaisers Ludwig IV. Dieser verpfändete ihm das Pleißenland. 1329 erwarb er die Reichsburggrafschaften Altenburg und Leisnig. Altenburg ist seitdem ein wichtiger Sitz der Wettiner. Fehden beendend, unterwarf sich Friedrich die in Thüringen ansässigen Häuser Schwarzburg und Weimar-Orlamünde.

Markgraf Friedrich der Ernsthafte.

Als in seinem letzten Lebensjahr die Pest über Sachsen hereinbrach, billigte der Markgraf Fastnachtsdienstag die aus Unwissenheit und Glaubenshass geborene Verbrennung der Dresdner Juden.

* 30. 11. (?) 1310 Gotha † 18. 11. 1349 auf der Wartburg
Amtsantritt: 1323
Begräbnisstätte: Fürstenkapelle Kloster Altzella
⚭ 1328 Mechthild Prinzessin von Bayern * um 1309 † 02. 07. 1346
Kinder: Elisabeth * Wartburg 22. 11. 1329 † 21. 04. 1375
Friedrich * 1330 † 06. 12. 1330
Friedrich der Strenge * Dresden 14. 10. 1332 † 25. 04. 1381
Balthasar * Weißenfels 21. 12. 1336 † auf der Wartburg 18. 05. 1406
Beatrix * auf der Wartburg 01. 09. 1339 † Seußlitz (?) 25. 07. 1399
Ludwig * auf der Wartburg 25. 02. 1341 † 17. 02. 1382
Wilhelm I., der Einäugige * Dresden 19. 12. 1343 † Grimma 10. 02. 1407
Anna (Zwilling) * Dresden 07. 08. 1345 † Seußlitz
Clara (Zwilling) * Dresden 07. 08. 1345

Friedrich der Freidige (der Gebissene)   1291–1323

Markgraf Friedrich der Freidige.

Nach dem Tod seines Vetters Friedrich Tuta (1269–1291) erhielt Friedrich der Freidige, der schon 1281 in den Besitz der Pfalz Sachsen (um Lauchstädt und untere Unstrut) gekommen war, die Mark Meißen. Zusammen mit Bruder Dietrich bzw. Diezmann (1260–1307) musste er lange um sein Land kämpfen. Zeitweilig waren die Brüder ihres gesamten Territoriums beraubt, denn vier Könige wollten die Markgrafschaft Meißen mit ihren reichen Erzvorkommen bei Freiberg für sich vereinnahmen. Bis 1296 hatte König Adolf von Nassau durch Kauf bzw. Besetzung Thüringen und Meißen nebst Freiberg in seinen Besitz gebracht. Markgraf Friedrich der Freidige musste nach Tirol flüchten. Erst Ende Mai 1307 konnte er mit Diezmann das königliche Heer bei Lucka südlich Leipzigs besiegen, später allein Thüringen, Meißen und Pleißenland regieren.

Dem langen zähen Kampf des Mannes, dem eine Bisswunde im Gesicht den Beinamen gab – freidig steht für frisch, munter und kühn – ist das Fortbestehen der wettinischen Territorialmacht zu verdanken.

* 1257 † 16. 11. 1323 auf der Wartburg
Amtsantritt: 1291, Begräbnisstätte: Katharinenkloster Eisenach
1. ⚭ 1286 Agnes Gräfin von Görz und Tirol † 14. 05. 1291
2. ⚭ 24. 08. 1300 Gräfin von Lobdaburg-Arnshaugk
       * 1286 † 22. 08. 1359 Gotha
Kinder: Friedrich der Lahme * 09. 05. 1293 † Zwenkau 13. 01. 1315
Elisabeth * 1306 † 1368
Friedrich der Ernsthafte * Gotha 30. 11.(?) 1310 † a. d. Wartburg 18. 11. 1349

Albrecht II., der Entartete

1265 – 1307

Markgraf Albrecht II., der Entartete.

Er war ein seelisch roher Mann mit unkontrollierten Trieben, der sein Erbe verschleuderte, Ländereien verkaufte, wilde Ehen einging, die Hand gegen den eigenen Vater erhob und sich mit den Söhnen bekriegte.

Mit seiner ersten Hochzeit schaffte er den Aufstieg in die höchsten Herrscherfamilien Europas. Seit 1265 verwaltete er Thüringen und die Pfalzgrafschaft Sachsen. Doch 1291 verkaufte er die Markgrafschaft Landsberg an Brandenburg, Thüringen an König Adolf. Nach Jahrzehnten unseligen Treibens konnte ihn am 18. Januar 1307 sein Sohn Friedrich zur Abdankung nötigen. Als er nach sieben Jahren in Erfurt verstarb, wurde seinem Leichnam die Aufnahme in eines der wettinischen Hausklöster verwehrt.

* 1240 † 20. 11. 1315 Erfurt

Amtsantritt: 1288, Begräbnisstätte: Marienkirche zu Erfurt

1. ⚭ 1254 o. 1255 Margareta Prinzessin von Staufen
    * 1237 Grätz (?) † 08. 08. 1270 Frankfurt a. Main
2. ⚭ nach 1270 Cunigunde von Eisenberg † 31. 10. 1286
3. ⚭ vor 01. 10. 1290 Elisabeth Gräfin von Orlamünde
    † nach 24. 03. 1333

Kinder: Heinrich * 21. 03. 1256 † 25. 01.–23. 07. 1282
Friedrich der Freidige (der Gebissene) * 1257 † auf der Wartburg 16. 11. 1323
Dietrich (Diezmann) * 1260 † Leipzig 10. 12. 1307
Margareta (urkundlich erwähnt 17. 04. 1273)
Agnes * vor 1264 † lebte noch 09. 1332
Albrecht * vor 1270 † nach 27. 06. 1301, spätestens 1305
Elisabeth * vor 1270 † nach 23. 04. 1326

Heinrich der Erlauchte

1221–1288

1221 unter Vormundschaft die Herrschaft angetreten und 1230 mündig gesprochen, wurde Markgraf Heinrich der Erlauchte der berühmteste Wettiner des Mittelalters. Chronisten rühmten ihn als strahlenden Jüngling, als mutigen Gotteskrieger, als Klostergründer. Er war ein Minnesänger, von dem sechs Dichtungen in der Manessehandschrift überliefert sind. Seine Kompositionen erklangen in den Kirchen des Landes.

Markgraf Heinrich der Erlauchte von Meißen und Thüringen bei der Falkenjagd. Malerei aus der Manessischen Liederhandschrift

1237 zog er mit 500 Rittern, einem Großaufgebot an Knechten und riesigem Tross auf Kreuzzug gegen die heidnischen Preußen, die damals noch Pruzzen hießen. Als 1247 das thüringische Landgrafengeschlecht der Ludowinger ausstarb, machte Heinrich Ansprüche geltend. Vom Kaiser erhielt er die Belehnung. Schließlich hatte er die Herrschaft über vier Reichsfürstentümer: die Markgrafschaft Meißen, die Ostmark oder Niederlausitz, die Landgrafschaft Thüringen und die Pfalz Sachsen an der unteren Unstrut mit der Kyffhäuser-Kaiserburg.

Der Besitz war so groß geworden, dass er ihn 1263 aufteilte. Ostmark und Mark Meißen behielt er, Sohn Albrecht wurde Pfalzgraf von Sachsen und Landgraf von Thüringen, Sohn Dietrich erhielt die neu gebildete Mark Landsberg.

Heinrich der Erlauchte weilte in seinen letzten Jahrzehnten häufig im Elbtal, hielt in Liebethal bei Pirna, Seußlitz oder Tharandt Hof, wählte als erster Wettiner Dresden zu seiner Residenz. Für einen Splitter aus dem Kreuze Jesu Christi, den seine erste Gemahlin 1234 als Mitgift eingebracht hatte, wurde in Dresden an die Nicolaikirche, später Kreuzkirche, eine Kreuzkapelle angebaut. Zu seinen Verdiensten zählt auch die Errichtung einer Burg und einer steinernen Elbbrücke in Dresden.

* nach 30. 08. 1215 und vor 20. 07. 1216 † vor 08. 02. 1288
Amtsantritt: 1221
Begräbnisstätte: Fürstenkapelle Kloster Altzella
1. ⚭ Stadlau 01. 05. 1234
    Constantia Prinzessin von Österreich
    * 06. 05. 1212 (?) † vor 05. 06. 1243
2. ⚭ Ende 1244 oder 1245
    Agnes Prinzessin von Böhmen
    † 10. 10. 1268
3. ⚭ nach 1268 und vor 1273
    Elisabeth von Maltitz
    * 1238–1239 † 25. 01. 1333

Kinder:
Albrecht der Entartete * 1240 † Erfurt 20. 11. 1315
Dietrich der Weise (der Fette) * 1242 † 08.02. 1285
Hedwig
Adelheid (Äbtissin zu Weißenfels um 1304)
Friedrich Clem * 1273 † 25. 04. 1316
Hermann

Dietrich der Bedrängte   1195–1221

Der Markgraf erhielt nach dem Vater die Grafschaft Weißenfels und setzte sich nach dem Tod des Bruders 1195 gewaltsam in den Besitz der ihm vom Kaiser vorenthaltenen Mark Meißen. Erst im Jahr 1199 wurde er damit belehnt. Nach dem Tod des Markgrafen Konrad 1210 erbte er noch dessen Niederlausitz, Groitzsch und Eilenburg.

Der Gründer zahlreicher Klöster, der auch mehreren Städten Stadtrecht verlieh, soll durch Gift gestorben sein.

Markgraf Dietrich der Bedrängte auf einer alten Grabplatte des Klosters Altzella.

† 17. 02. 1221
Amtsantritt: 1195
Begräbnisstätte: Fürstenkapelle Kloster Altzella
⚭ vor 24. 06. 1195 oder vor 05. 01. 1197 Jutta Gräfin von Thüringen
   † 6. 08. 1235

Kinder:
Hedwig † lange vor 02. 02. 1249
Otto † jung, spätestens 1214
Sophia † 17. 03. 1280
Conrad (Mönch im Kloster Petersberg zu Erfurt 1220)
Jutta
Heinrich der Erlauchte * nach 30. 08. 1215, vor 20. 07. 1216 † vor 08. 02.
              1288
Dietrich † 22. 09. 1272
Heinrich † 31. 07. 1259

Albrecht der Stolze   1190 – 1195

Der älteste Sohn Ottos des Reichen trat zuerst in einer Fehde
gegen seinen Vater in Erschei-
nung. Dabei setzte er diesen 1188
sogar in der Burg Döben bei
Grimma gefangen. Erst Kaiser
Friedrich I., Barbarossa (1124
bis 1190), erwirkte die Freilas-
sung.

Nach des Vaters Tod übernahm
Albrecht die Markgrafschaft
Meißen. Damit begnügte er sich
aber nicht, wollte mit Gewalt an
die Güter des Bruders Dietrich.
Der holte sich Hilfe, verfolgte
Albrecht den Stolzen 1194 bis
kurz vor den Petersberg. Zu
einer Aussöhnung kam es nie.
Denn ein Verräter vergiftete

**Markgraf Albrecht der Stolze starb
durch Gift.**

Albrecht in Freiberg. Diener konnten ihn in der Sänfte nicht mehr
lebend bis nach Meißen tragen. Auf dem Weg verstarb er am 24. Juni
1195 in Krummenhennersdorf.

† 24. 06. 1195 Krummenhennersdorf
Amtsantritt: 1190
Begräbnisstätte: Fürstenkapelle Kloster Altzella
∞ Aussig 23. 04. 1186
   Sophia Prinzessin von Böhmen
   † 25. 03. 1195

Kinder: Christina (lebte noch 1251)

Otto der Reiche   1156–1190

Markgraf Otto der Reiche.

Die Geschichte verlieh dem Sohn des Markgrafen Konrad den Namen „Otto der Reiche", weil er Sachsen sagenhaft reich machte. Bei der Landesteilung durch seinen Vater war ihm 1156 die Markgrafschaft Meißen zugefallen. Sachsen war außer mit den Sorbenwenden der Lausitz damals kaum besiedelt.

Seit Mitte des 12. Jahrhunderts strömten aus der Alpenregion Hunderttausende Bauern in die unbesiedelten Ostregionen. Markgraf Otto gab ihnen Siedlungsland zum Anlegen neuer Dörfer, ließ für sie sogar Wälder roden. 1165 verlieh er Leipzig das Stadtrecht, gründete später Grimma, Naunhof und weitere Städte.

Als im Jahr 1168 Fuhrleute bei Christiansdorf eine Silbererzader entdeckten, griff der kluge Markgraf ein. Dicht neben der Fundstelle errichtete er einen Herrenhof, von wo aus die Silbererzgewinnung unterstützt und überwacht wurde. Das Silber – es machte Sachsen, seine Markgrafen und Fürsten über Jahrhunderte schwer reich. Denn den Herrschern gehörte jeder zehnte Teil des geschürften Erzes. Aus Christiansdorf wurde die stolze Bergstadt Freiberg.

Otto stärkte durch Klostergründungen – beispielsweise im Jahr 1162 Altzelle für die Zisterzienser bei Nossen – seine Macht.

† 18. 02. 1190 Amtsantritt: 1156
Begräbnisstätte: Fürstenkapelle Kloster Altzella
⚭ Hedwig Gräfin von Brandenburg † Ende März 1203
Kinder: *Albrecht der Stolze* † Krummenhennersdorf 24. 06. 1195
Dietrich der Bedrängte † 17. 02. 1221
Sophia und Adela † Meißen 01. 02. 1211

Konrad der Große   1123 – 1156

Der Sohn Heinrich I. von Eilenburg, Heinrich II. von Eilenburg
(1103 – 1123), war beim Tod seines Vaters unmündig, er starb
kinderlos im Alter von 20 Jahren. Deshalb wurde ein Vetter
Heinrich I., Konrad der Große,
zum Begründer der ununterbrochen wettinischen Herr-
schaftsfolge im Mannesstamm
bis zum Ende der Monarchie
1918. Nachdem er an Stelle seines älteren Bruders Dedo IV. das
Erbe angetreten hatte, wuchs das
Territorium der Wettiner. Vor
1116 erbte er die Besitzungen
Dietrichs von Brehna und Wil-

Markgraf Konrad der Große.

helms von Camburg und nach 1123 die Grafschaft Eilenburg. 1123
wurde er als Markgraf von Meißen eingesetzt. 1136 erhielt er die
Ober- und Niederlausitz. Ihm fiel durch das Aussterben der Grafen
von Groitzsch auch deren Herrschaft zu.

Konrad bezeichnete sich als „Marchio Saxoniae" und als „durch
Gottes Gnade unter den Fürsten Sachsens alleiniger Besitzer und
Schützer der meißnischen Mark". Er wurde der mächtigste Fürst
zwischen Saale und Oder, beteiligte sich 1147 am Wendenkreuzzug
zur Christianisierung der Slawen und beförderte 1145 durch den
Besuch der Heiligen Stätten in Jerusalem sein Seelenheil. Schon
1124 hatte er auf dem Petersberg nördlich von Halle ein Augusti-
ner-Chorherrenstift gegründet, in das er am 30. November 1156,
der Welt entsagend, eintrat. Vorher hatte er mit Genehmigung des
Kaisers seine Länder unter seinen fünf Söhnen aufgeteilt. Dadurch

entstanden die Linien Meißen, Niederlausitz, Wettin, Groitzsch (Rochlitz) und Brehna.

* 1098 oder 1099
† 05. 02. 1157 Petersberg
Amtsantritt: 1123
Begräbnisstätte: Kloster Petersberg
∞ zwischen 1116 und 1119 Luitgard Gräfin (aus Schwaben)
  † 19. 06. 1145 Kloster Gerbstedt

Kinder:
Heinrich † jung
Otto der Reiche † 18. 02. 1190
Oda (Äbtissin zu Gerbstedt um 1137)
Bertha (Äbtissin zu Gerbstedt 1190)
Dietrich * vor 27. 02. 1142 † Kloster Petersberg 09. 02. 1185
Gertrud
Adela
Heinrich I. * vor 27. 02. 1142 † 30. 08. 1181
Dedo V. * vor 27. 02. 1142 † 16. 08. 1190
Sophia
Agnes † 21. 01. 1203
Friedrich I. * zwischen 27. 02. 1142 und 19. 05. 1142 † 04. 01. 1182

Erstbelehnung mit Mark Meißen   1089

Die nach ihrer Stammburg benannten Wettiner begleiteten mit kampferprobten Männern den Kaiser auf seinem Italien-Feldzug, bewährten sich gegen aus Polen einfallende Slawen, machten sich bei der Rückeroberung der Niederlausitz verdient. Kaiser und Könige revanchierten sich großzügig, gaben den Wettinern Ländereien als Lehen.

So verlieh Kaiser Heinrich IV. (1050–1106) am 1. Februar 1089 dem Wettiner Grafen *Heinrich I. von Eilenburg* (1070–1103) die Meißner Markgrafenwürde und damit die riesige Markgrafschaft Meißen. Dies bestätigt eine kaiserliche Urkunde vom 14. Februar 1090. Die Reichsburg Meißen – 929 von König Heinrich I. (876–936) gegründet – wurde neue Stammburg der Wettiner.

1989 beging das damals im Exil lebende Haus Wettin mit einer Festwoche in Regensburg die 900-Jahr-Feier. Der Titel des Markgrafen von Meißen gebührt heute dem Chef des Hauses Wettin.

Die Meißner Albrechtsburg heute. Seit über 1000 Jahren reckt sich hier eine Burg über der Elbe.

Früheste Ahnherren (um 822), Name Wettin

Aus dem Dunkel der Geschichte tauchen als Ahnherren um 822 ein *Graf Rikbert I.*, später ein *Graf Friedrich I.* (um 875) im Harzgau und ein *Graf Burkard* als Inhaber der sorbischen Mark auf.

Im Kampf gegen die Ungarn verlor Burkard 908 sein Leben. Sein Enkel Dedi war ein tapferer Recke und ein Verwaltungsgenie, wurde von Kaiser Otto (912–973) mit der Bewachung von Burgen an der Saale betraut.

Selbst residierte man auf der Burg Goseck bei Naumburg. Später errangen die Grafen die schöne Burg Wettin auf einem Porphyrfels 20 Kilometer nordwestlich von Halle (961 als „Vitin" erwähnt). Sie wurde Stammsitz des Geschlechts, gab der Familie ihren Namen.

Die Burg Goseck bei Naumburg zählt zu den ältesten Besitzungen der frühen Wettiner.

Geschichte Sachsens in Kürze

1161	Erstmalige Erwähnung des vermutlich viel älteren Weinanbaus in der Mark Meißen.
um 1165	Stadtrecht für Leipzig durch Markgraf Otto verliehen.
nach 1170	Kaiser Friedrich I. Barbarossa verleiht Altenburg, Chemnitz und Zwickau das Stadtrecht.
1185	Erster urkundlicher Beleg eines Landdings – große Landesversammlungen unter Vorsitz der Markgrafen – am Collmberg bei Oschatz.
1206	Urkundliche Ersterwähnung von Dresden.
um 1220	Die Rechtsvorschrift „Sachsenspiegel" wird niedergeschrieben.
1244	Erste Münzstätte in Freiberg erwähnt.
1254	Erste Stadtschule Sachsens urkundlich belegt.
1265	Markgraf Heinrich erlässt die Judenordnung.
1338	Beginn der Groschenprägung in der Mark Meißen.
1346	Gründung des Oberlausitzer Sechsstädte-Bundes: Bautzen, Görlitz, Zittau, Kamenz, Lauban, Löbau
1350	Erstmals Ständeversammlung sächsischer Landstände in Leipzig nachweisbar.
1354/59	Vogtländischer Krieg.
1409	Gründung der Universität Leipzig.
1429/30	Hussiten fallen in Sachsen ein.
1438	Die sächsischen Landstände konstituieren sich zu einer Körperschaft.
1446–1451	Sächsischer Bruderkrieg.
1455	Prinzenraub zu Altenburg.
1481	Buchdruckergewerbe in Leipzig durch Marcus Brandis gegründet.
1483	Kursächsisches Oberhofgericht in Leipzig gegründet.
1495	Die Fugger errichten in Leipzig eine Faktorei.
1497	Kaiser Maximilian verleiht das Messeprivileg an Leipzig.
1500	Taler-Währung wird in Sachsen eingeführt.
1502	Ernestinische Landesuniversität Wittenberg durch Friedrich den Weisen gegründet.
1517	Thesenanschlag Martin Luthers an der Wittenberger Schlosskirche. Beginn der Reformation.

1524	Der Annaberger Rechenmeister Adam Ries wird landesherrlicher Bergschreiber und Finanzkontrolleur.
1525	Schlacht bei Frankenhausen am 15. Mai vernichtet das Heer der Bauern unter Thomas Müntzer.
1539–1540	Heinrich der Fromme führt im albertinischen Sachsen die Reformation ein.
1543	Landesschulen in Meißen und Pforta, 1550 in Grimma, gegründet.
1547	Schlacht von Mühlberg bei Torgau am 24. April. Verwaltungsreform im albertinischen Sachsen.
1554	Naumburger Vertrag vom 24. Februar. 1. Bergordnung des Kurfürsten August.
1556	„De re metallica" von Georg Agricola (1494–1555) erscheint in Basel.
1566–1567	Grumbacher Händel.
1574	Der Geheime Rat wird als Oberste Landesverwaltungsbehörde gebildet.
1590	Die „Meißnische Landchronik" und die „Meißnische Bergchronik" von Petrus Albinus werden in Dresden gedruckt.
1595	Sächsisches Postwesen nimmt seinen Anfang durch Einrichtung eines Botenamtes in Leipzig.
1634	Bildung der Geheimen Kriegskanzlei.
1635	Friedensschluss von Prag.
1648	Westfälischer Frieden beendet den Dreißigjährigen Krieg.
1660	Die „Leipziger Volkszeitung" als erste Zeitung Sachsens gegründet.
1661	Erste sächsische Postordnung erlassen.
1697	Kurfürst Friedrich August I. tritt am 1. Juni zum katholischen Glauben über und wird am 26./27. Juni in Warschau zum König von Polen gewählt.
1698	Erste Staatsbank Deutschlands mit Sitz in Leipzig gegründet.
1700	Beginn des Nordischen Krieges (bis 1721).
1710	Königliche Porzellanmanufaktur gegründet.
1723	Johann Sebastian Bach (1685–1750) Thomaskantor zu Leipzig.
1726	Grundsteinlegung zur Frauenkirche in Dresden (Bau bis 1743).

1756	Beginn des Siebenjährigen Kriegs.
1765	Wettiner verzichten endgültig auf die polnische Krone. Gründung der Bergakademie Freiberg.
1770	Folter wird in Sachsen abgeschafft.
1772	Papiergeld wird eingeführt.
1778–1779	Bayerischer Erbfolgekrieg.
1790	Bei Lommatzsch beginnen Bauernunruhen.
1791	Pillnitzer Treffen im August zwischen Kaiser Leopold I., König Friedrich Wilhelm II. von Preußen und dem späteren französischen König Karl X.
1806	Das Kurfürstentum Sachsen wird Königreich.
1813	Völkerschlacht bei Leipzig vom 16. bis zum 19. Oktober.
1828	Gründung der Technischen Bildungsanstalt Dresden (Vorläufer der Technischen Hochschule und heutigen Technischen Universität).
1833	Sachsen tritt am 18. März dem Deutschen (Preußischen) Zollverein bei.
1835	Erstes Dampfschiff des Königreiches Sachsen fährt auf der Elbe.
1839	Die erste deutsche Ferneisenbahnstrecke führt von Leipzig nach Dresden.
1843	Friedrich Gottlob Keller erfindet die Papierherstellung aus Holzschliff.
1848	Revolutionäre Unruhen, Einführung der Pressefreiheit am 23. März.
1849	Am 10. Januar findet die konstituierende Sitzung des ersten Sächsischen Landtages statt, der aus allgemeinen und direkten Wahlen hervorgeht. Maiaufstand in Dresden vom 3. bis zum 9. Mai.
1861	Einführung der Gewerbefreiheit.
1862	Erste Zigarettenfabrik Deutschlands in Dresden gegründet.
1866	Deutscher Krieg.
1870–1871	Deutsch-Französischer Krieg.
1878	Nach den Plänen von Gottfried Semper wird das neue Königliche Hoftheater in Dresden eröffnet.
1879	Das höchste Gericht des Deutschen Reiches, das Reichsgericht, erhält ab 1. Oktober seinen Sitz in Leipzig.

1889	Das Jahr steht im Zeichen der Feierlichkeiten des 800-jährigen Herrschaftsjubiläums der Wettiner.
1905	Gründung der Künstlergemeinschaft „Die Brücke" in Dresden.
1912	Gründung der Deutschen Bücherei in Leipzig.
1913	Einweihung des Völkerschlachtdenkmals in Leipzig am 18. Oktober.
1914	Erster Weltkrieg vom 1. August bis zum 11. November 1918.
1918	Am 13. November entsagt Sachsens letzter König für seine Person dem Thron.
1919	Die Volkskammer beschließt am 28. Februar eine Vorläufige Verfassung für den Freistaat Sachsen.
1920	Verfassung des Freistaates Sachsen tritt am 1. November in Kraft.
1930	Weltwirtschaftskrise wirkt sich besonders schlimm in Sachsen aus.
1933	Faschistische Diktatur. Martin Mutschmann wird am 5. Mai NSDAP-Reichsstatthalter.
1945	Russische und amerikanische Truppen rücken im April und Mai ein.
1949	Gründung der Deutschen Demokratischen Republik am 7. Oktober, Sachsen wird ein Teil. Am 23. Juli 1952 Auflösung von Sachsen und Gliederung in die Bezirke Dresden, Leipzig und Karl-Marx-Stadt (Chemnitz).
1989	Sturz des SED-Regimes und demokratische Wende durch machtvolle Demonstrationen in Dresden und Leipzig im Herbst.
1990	Neugründung des Freistaates Sachsen in der Albrechtsburg Meißen am 3. Oktober. Erste freie Landtagswahlen nach 1933 am 14. Oktober. Am 27. Oktober wählt der Sächsische Landtag Prof. Dr. Kurt Biedenkopf (CDU) zum Ministerpräsidenten, Amtszeit bis 2002.
2002	Ministerpräsident des Freistaates Sachsen ist seit 18. April Prof. Dr. Georg Milbradt (CDU).

Quellen

Bäsig, M. Frank-Michael: Friedrich Christian Markgraf von Meißen. – Raute-Verlag Dresden 1995

Blaschke, Karlheinz: Der Fürstenzug zu Dresden. – Urania-Verlag Leipzig Jena Berlin 1991

Gretschel, C.; Bülau, Friedr.: Geschichte des Sächsischen Volkes und Staates. – Hinrichs'sche Buchhandlung Leipzig 1862

Helfricht, Jürgen: Aus dem Leben SKH Markgraf Maria Emanuel von Meißen, Herzog zu Sachsen (1826 bis heute). – S. Sell Heimatverlag Altenburg 1999

Helfricht, Jürgen: Dresden und seine Kirchen. – Evangelische Verlagsanstalt Leipzig 2005

Helfricht, Jürgen: Kleines Dresden-ABC. – Husum Husum 2005

Helfricht, Jürgen: Sehnsucht nach dem alten Dresden. Zeitzeugen erinnern sich der unzerstörten Stadt. – Verlags- und Publizistikhaus Dresden 2005

Helfricht, Jürgen: Traumwege durch das alte Dresden. – Husum Husum 2007

Helfricht, Jürgen: Wahre Geschichten aus Sachsens schönstem Tal. – Tauchaer Verlag Taucha 2000

Pätzold, Stefan: Die frühen Wettiner. – Böhlau Köln Weimar Wien 1997

Polenz, Hans Assa v.; Seydewitz, Gabriele v. (Hrsg.): 900-Jahr-Feier des Hauses Wettin. – St. Otto Verlag Bamberg 1989

Posse, Otto: Die Wettiner. – Zentralantiquariat Leipzig 1994

Zimmermann, Ingo: Sachsens Markgrafen, Kurfürsten und Könige. – BVA Union Berlin 1990

Inhalt